U0929733

企业文化的力量

爱是唯一的答案

刘育良◎著

地震出版社
Seismological Press

图书在版编目（CIP）数据

企业文化的力量：爱是唯一的答案 / 刘育良著. — 北京：
地震出版社，2022.10
ISBN 978-7-5028-5342-6

Ⅰ. ①企… Ⅱ. ①刘… Ⅲ. ①企业文化—研究
Ⅳ. ①F272-05

中国版本图书馆CIP数据核字（2021）第183137号

地震版　XM4954/F（6142）

企业文化的力量：爱是唯一的答案

刘育良　著

策划编辑：范静泊
责任编辑：凌　樱
责任校对：鄂真妮

出版发行：地 震 出 版 社
北京市海淀区民族大学南路9号　　邮编：100081
发行部：68423031　68467991　　传真：68467991
总编办：68462709　68423029
编辑四部：68467963
E-mail：seis@mailbox.rol.cn.net
http://seismologicalpress.com

经销：全国各地新华书店
印刷：三河市九洲财鑫印刷有限公司

版（印）次：2022年10月第一版　2022年10月第一次印刷
开本：700 × 1000　1/16
字数：293千字
印张：15.5
书号：ISBN 978-7-5028-5342-6
定价：58.00元

推荐序一

不是第一，就是唯一

刘育良，是我众多弟子中很令我骄傲的一位，他邀请我写个序，我看完这本书后，觉得很值得写一下。这是一本值得向全国企业家推荐的好书，育良在书中着力强化了一个理念——让中国的企业文化回到爱的轨道，而不是追逐名利。我赞同。我相信，这也会得到众多的企业家认可。

育良是我心目中的好学生，他参加工作以来，经受了多方面的历练，又取得了多方面的成果，特别是那种不怕困难、不怕挫折、越战越强的精神，很值得学习。我从他的人生经历中深深感到，在人类历史上成就伟大事业的，不是那些幸福之神的宠儿，而是那些遭遇过诸多不幸，却能矢志不渝、发愤图强的苦孩子。尤其令人高兴的是，他在多方面的实践中都体现出了他有德、有识、有才、有学的一面。翻开他这本新作，可以感到一有学识，二有见识，三有胆识，四讲实效，在同代企业文化研究工作者和培训界的同龄人中，他有独特的观点，又有独到的见解。

第一，他有学识。他自幼认真学习，博览群书，而且善于思考，形成他学而知行的修炼历程。

第二，他有见识。多年来，他一直奔走在商场之中，认真观察，努力实践，在认识上，形成实践—认识—再实践—再认识的螺旋式上升、波浪式前进的积累过程。所以他在讲课中，有许多独到之处。

第三，他更有胆识。正因为他勤于学习，勇于实践，在波澜壮阔、波涛汹涌的商海中，形成了敢于创新的胆识。他不仅能举一反三，而且触类旁通，既善于感悟，又善于提升。

他说他在微博上看到一段话：五个犹太人改变了西方世界。第一位是摩西，他说一切都是律法；第二位是耶稣，他说一切都是苦难；第三位是马克思，他说一切都是资本；第四位是弗洛伊德，他说一切都是性；第五位是爱因斯坦，他说一切都是相对的。

育良在此启发下，提出“五个人改变了中国”：第一个是老子，他说一切皆是道；第二个是孔子，他说一切皆是仁义；第三个是孙子，他说一切皆是势；第四个是王阳明，他说一切皆是心；第五个是毛泽东，他说一切反动派都是纸老虎。而这五位伟人身后，都有“经书”——强大的理论体系在支撑，分别为《道德经》《论语》《孙子兵法》《传习录》和《毛泽东选集》。

我赞成他这种思辨，首先抓住根，研究事物的根本，又研究面，即全面，他懂得不谋全局者难谋一隅，不谋万世者难谋一时，他还懂得处事要讲度，要得体、得当，行之所当行，止乎所当止。

第四，他讲实效。从实践到理论，从思考到培训，他都十分认真地追求最佳实效性。

他在教学中，将自己的学识、见识、胆识形成他自己的智慧，通过习、悟、化，即学而习之，熏陶渐染，潜移默化，使听众顿悟、醒悟、觉悟，最后形成升华。

这本书，可以说是他智慧的结晶，是他献给读者的一本佳作，他还希望我在序言中讲讲儒释道在企业文化中如何发挥作用。

我认为学习国学，要在国学实践上下功夫，要给力，要为了实现中国梦，认真挖掘优秀文化里中国精神的DNA（编者：遗传学名词脱氧核糖核酸的英文字母缩写，这里就是指“基因”的意思），要调动那些积极因素，予人以力，如给爱能量，给正能力，等等。我一再想中国传统文化中一贯讲术、讲正气、讲爱心，我们就要给人以软实力、硬实力、巧实力、魅实力、格实力、健实力……

如何取，又如何给？我认为企业领导、培训师都要研究怎样以易增智，以道强慧，以儒修养，以禅养心，以兵安邦，以法正矩，以墨济民，以黄（《黄帝内经》）养生。

如集中到儒释道就是儒家讲入世，道家讲出世，佛家讲心即佛，佛即心，出入都讲爱心、善心；儒家讲正气，道家讲清气，佛家讲和气，正气对立面为邪气，清气对立面为浊气，和气对立面为臭气，即瞎折腾；儒家讲堂堂正正做人，道家讲真真切切做人，佛家讲清清白白做人；儒家讲智者乐水，道家讲上善若水，佛家讲智慧如海。

想说的话很多，今天先写到这里，在赞扬育良及其新作的同时，我还要结合他的优点提出如下理论：为了人民，为了事业，我们在任何岗位上都要在第一时间、第一空间，战斗在第一线，在战士队伍里争取第一等成果；在任何工作中都要做到不是第一，就是唯一。

世界华人演讲艺术家联合会总干事长　李燕杰

2013 年 5 月 20 日于北京智慧书苑

推荐序二

“爱”与“文化”的着陆

爱与文化，这个立题既远又大，可谓远大。人类历史古今中外，无处不有爱，无事不文化。从原始社会向奴隶社会的转化，以爱为先导，以文进化；从奴隶社会向封建社会转化，还是以爱为先导，以文进化；从封建社会向民主社会转化，仍是以爱为先导，以文进化。我推测：未来人类社会的发展与转化，必定还会以爱为先导，以文进化。可见，人类的历史，就是沿着这条“爱”与“文化”的主线发展到今天，也必将影响到未来。

难能可贵的是，本书作者刘育良老师，在不惑之年，在年富力强之际，就抓住了这个始终围绕人类社会的话题，并作出了丰厚而简约的论述，宏观而具体的分析，令我惊叹不已！

在当今以市场经济为主导的商品社会，如何在企业弘扬“爱”文化，如何建立企业自身的企业文化，这是每一位具备卓识远见的企业家的夙愿。毛泽东同志曾在战争年代说过：“没有文化的军队是愚蠢的军队，而愚蠢的军队是不能战胜敌人的。”结合当今社会，我们可以把这段话运用到企业管理之中，理解为：没有文化的企业是愚蠢的企业，愚蠢的企业是不能战胜困难的。

刘育良老师正是站在从历史到现在，从中国到世界的高度，运用系统、科学、实战的理念和方法，为企业文化，尤其是“爱”文化的塑造，提供了一本很好的教科书。他的书不是坐而论道，虚无缥缈，而是实战实效，实用实操。

目前，很多培训把企业家培训成了至高无上的“圣人”，大有世外仙人之气；然而在实际工作中却找不到着陆点，只能在遐想的空间飞翔、飞翔，飞到了九霄云外，飞到了仙山琼阁，飞到了海市蜃楼。而刘育良老师的这本专著，重在落地，也就是实际操作性。就像飞机飞得再高，终要落地一样。简言之：

不是飞得高，摔得狠；而是飞得高，落得稳。本书做到了这一点。

愿本书为更多的企业家带来文化，为更多的企业文化建设添砖加瓦，直至创造一个个卓越而基业长青的企业。

中华教育艺术家协会副秘书长、
中国鬼谷子文化研究中心主任　翟杰
2013 年 4 月 28 日于北京

序言

我们无比幸运，生在一个中华民族伟大复兴的时代，三十年荡气回肠的改革画卷令人壮怀激越。“士农工商”史称华夏四业，其中商业在明朝时开始进入主流；而今天，企业家似已是当之无愧的“男一号”！

然而，近十年来，中国企业百花齐放，百舸争流。目下一切唯业绩论、唯绩效论，对人心着实是个巨大的考验，也是绝大的诱惑！是坚守道义，还是利益至上？是信奉良知，还是用不当手段致富？各种食品、药品安全事件冲击着我们的道德底线，从“毒奶粉”“地沟油”“毒馒头”，到最近的“毒中药”，民众从最初的愤慨，到现在的渐渐漠然和无语！商品经济高速发展到今天，一味四面出击，最终不免四面楚歌。

一次，我和一位美国归来的老华侨交流，白发苍苍的他在席间对中国的发展和未来的强势崛起表示了积极的认同，同时却也忧心忡忡地说：“我希望中国强大，但不要变成一只怪兽！”言语虽短，意味深长！他实际上是希望华夏儿女的根和魂，绝对不能丢。仁和义、诚和礼，永远是我们人生的初衷和本心。

华夏文明的根基在今时今日，只能由企业家这个“男一号”担纲了！千千万万的企业构成了举国之经济文明，企业场正是一个个活生生的道场。企业家追逐名利，员工自然趋之若鹜；企业家正心明镜，员工自然修身淡定。然而企业文化的运营和落地是个国际难题，常常是领导说的和员工做的相互背离，墙上贴的和大家感受到的彼此矛盾。究竟如何做才能击中员工的心，打造出圣洁美好的伊甸园和光明喜悦的净土呢？

企业文化培训与咨询是我的职业。近十年来，我业已为上百家企业建构了文化运营系统，从文化手册到文化落地，从文思合一到知行合一，从环境场到生活场，我一直行走在中国企业文化探索的路上。本书是我的经验之谈，绝不代表学术，只是实践和操作的方案，唯愿共勉、共思、共进！

这是一本谈企业文化的书，却从古代谈到现代，从西方聊到东方，其实只有一个目的，就是帮助中国企业回到长久、恒远、正确的文化轨道上。问题是，我们现在位于哪里？什么是正确的轨道呢？

现状是什么呢？中国有无数的企业在研究“狼”文化，这正是中国三十年来商业文化的最大弊端。一切以结果为导向，不问手段，不问过程！如此，难免狼子野心，养虎遗患！

若干年前，我和一个离开外企的高管把酒言欢。酒过三巡，他在回忆和提及原来的企业时，感动得泪流满面，令我无比动容。这件事，让我想起一个值得深思的现象，这就是许多世界500强中的优秀企业，员工都无比热爱自己的企业，内心对企业有一种朝圣般的敬仰和崇拜。企业文化和团队精神的秘密是什么？就是让员工爱上企业，形成一股无比强大的向心力和凝聚力，形成一种无比正面的磁场和道场。而企业成功的秘密，正是让员工热爱企业！

放眼今日中国社会，人们面对的早已不是生存的问题，而是生活的问题，是怎样才能活得有品质，活得有人缘，活得有意义！夫唯不争，故天下莫能与之争！外塑品牌、内修文化，这才是王道！诚意正心、内圣外王，这才是正途！

天不生仲尼，万古如长夜。在《论语》中，“仁”这个字出现了105次。佛的伟大在于慈悲和智慧，基督教的教义是“爱、信心、希望”……其实三大教的核心理念合一，语境相同，仁和慈悲的意思都是爱，爱正是一切的答案！每当夜深人静的时候，总有一个声音在叩问我的心灵：“人活着的目的是什么？”最终我明白了，我活着的目的只有一个字，就是“爱”。只有爱，才会让这个世界变得更美好。

若干年前，我大学毕业，第一份工作是卖啤酒，奔波了一个月，挣了390元，弄丢了同学的自行车，赔了 350 元，几乎是白忙活了。第二份工作是卖保险，据说这是一个“非人类”的工作。作为一个讨生活的业务人员，记得我穿着长袖衬衫，系着领带，背着一个大包，穿梭于大街小巷。在古城南京炎炎夏日的中午，奔波了一个上午的我毫无斩获。疲惫和无助的我倚靠在路旁的花坛上睡着了，一觉醒来，定了定神，又冲进了茫茫人海之中。

每一天，我蹬着一辆破旧的自行车早出晚归，一个月下来，业绩非常惊人——是一个偌大的“零”。此时的我看见马路上的红灯都神情恍惚，被打击得毫无激情。绝望之际，我必须要激励自己。于是我告诫自己，我做的是一份“神圣、崇高、伟大”的工作。在路边我不断地大声呐喊，我发现我的内心注满了力量，这份力量叫作“爱”。那天晚上我签了人生中的第一份单，我几乎没有宣讲任何产品，我用爱的状态和客户交流，发现了激发卓越的最大秘密。三年以后，我成了公司的销售总监，部门有近 100 名伙伴。代表公司在东南大学礼堂做全员培训，台下 1700 人，我若有所悟。

经年以来，我一直在这个世界奋斗、碰撞、跋涉，住了无数的宾馆酒店，流连于无数的飞机场火车站，试图提高我的生活品质。后来我才悟到哪里是我的原点，什么是真正的快乐——那无限的喜悦来自我内在的世界！

我一直在求索成功的秘密，上了无数的行业领袖和知名讲师的课程，甚至去了哈佛和西点，去了印度渴求顿悟，现在我才明白，我曾经无意中做对的，就是我一直要寻求的答案！钻石就在自家的后院！我一直在思考，支撑我生命的动力是什么，我终于发现了，那是爱。

爱会让一切更美好！

无论问题为何，答案都是爱！

生命就是关系，关系的核心就是爱！

一切皆是虚幻，只有爱才是真实的！

多年以前，我写了一首关于“爱”的小诗，直到今天这首小诗还广为传诵，成为很多朋友的 QQ 签名，在很多销售同人名片的背后都印着这首诗，原文如下，与您分享：

我祝愿贫穷的朋友富裕；

我祈祷富裕的朋友健康；

我希望健康的朋友长寿；

我全身心地努力，让世界充满爱！

以此为序！

刘育良

2013 年元月于上海

再版序

至善——新商业文明宣言

2019 年的 7 月 11 日晚，我去看了一部电影《闪闪的红星》。在看这部电影时，我泪如雨下，为如此纯美的信仰而感动！

一个年过不惑之年的中年人，为何重新思考生命的意义和价值？

我们为何而存在？为何而奋斗？这是一个人的人生中最基本也是最核心的问题。

我们只有意识到时代的重任，投身于时代的洪流，才能发现自身的价值和意义！

从 1911 年辛亥革命到 1934 年长征，从 1949 年中华人民共和国成立到 1978 年改革开放，中华民族一直在探索着一条伟大的自强之路。

迈入 21 世纪，中国要为世界担当和平富强之重任。我们幸甚，见证着中华民族伟大复兴的光辉时代，而每一位中国企业家，正肩负着商业文明繁荣之伟业。

我们要明白，我们身处在一个荡气回肠、波澜壮阔的历史大变局之中，我们的起心动念，我们的一言一行都会对这个世界造成深远的影响。

在商业繁荣之时，精神世界花果飘零，乱象令人不忍卒读，毒米毒油毒奶粉，为利益频破底线，痛心疾首。即使是上市公司，财报造假，丑闻频出，追名逐利，天理何在！

企业家，为何而出发，初心何在？

不是利己，不是私欲，而是利众生，臻大同！

上个 100 年，是中华民族崛起的 100 年；这个 100 年，是中华民族真正伟大的 100 年。这不单纯是物质的丰富，更是我们精神的和美，更是我们内心的丰盛。我们的善念，我们的大爱，我们的格局，我们的胸襟，我们的气度，要与泱泱大国之风范合拍。

我们每一个人的利他发心，大义之心，将决定我们的家庭，我们的组织，我们的国家。我们每一个人的心灵素养，决定了我们的国家将达到一个怎样的高度，决定了这个世界会达到怎样的境界。

中国企业家，必将是华夏复兴的主流力量！

新商业文明的时代必将来临，利他、共好、和美的新商业文明将照亮世界，让我们一起共建伟大的利他商业文明，为中华民族的伟大复兴而奋斗，为中国成为世界第一强国而奋斗！

2019 年的 9 月底，恰逢祖国 70 华诞，我们游学德国，27 号的夜晚，我们三十多位匠合咨询的同学在斯图加特的街头放声高歌《歌唱祖国》《我的中国心》，那样的豪情，那样的奔放，行人纷纷驻足，跑来自拍。我们齐声高呼“祝福祖国 70 周岁生日快乐，繁荣昌盛！”那一刻，我泪如泉涌！

我有明珠一颗，久被尘劳关锁，今朝尘尽光生，照破山河万朵！

秉持初心，方得始终！坚守匠心，方见彩虹。

唯愿中华强大，祈愿世界和美！

我们的大义使命：“助力中国建立‘合心利他’的新商业文明！助力中国成为世界第一强国！”

筑合心利他之魂、建合心利他之制、成合心利他之神！

值此《爱是唯一的答案》再版，是为新序，以此感怀！

感谢你，祝福你！

刘育良

2021 年 3 月 1 日

目录

引子

文明的背后就是爱

市场经济呼唤中华文化，文化可以强国！仁、义、礼、智、信！忠孝！中庸！持节而行者，可至天下！人之初，性本善，仁爱是一种伟大的品质。因为爱人者，人恒爱之；敬人者，人恒敬之。夫仁者，已欲立而立人，已欲达而达人，这才是聪慧大爱之人。人心是一切的本，企业唯利是图，必然心背人离，萧条可待；企业积善行道，则心归人聚，兴旺可期。

第一章

一本经典定灵魂

理念哲学文化这一切，统称为“精神”运营，宗教是为信仰，政党是为纲领，企业是为价值体系！企业必须有自己的“经典”！一套完整的道德、态度、伦理的思维体系！传承的第一要素就是运用精妙精到的文字提炼企业的文化，做到竖可传代，横可复制，让新员工一进入公司就感受到我们的“家规和家训”。共识才能共赢！让所有员工都清楚公司的对错、是非、善恶的标准，道不同不相为谋，不和者出局。

第二章

两套机制定行为

将文化与制度相结合，才能促使企业形成强大的推动力，促使企业不断地奋进与发展。文化是魂，制度是根，使员工明确企业的文化、了解公司的制度，才能使员工的行为向着规范的方向发展。领导人应以身作则，为员工树立起一个好榜样，带领员工一同去体验企业的灵魂！并通过体验强化心智，通过奖罚制度来严明纪律、鞭策员工、充分调动员工工作的积极性。

第三章

三种仪式生神圣

中国自古以来，就有仪式的传统，帝王朝拜天地、百姓朝拜列祖列宗，汉武大帝当年的改革首先研究周礼，从建明堂，到修服饰、分车驾，都是仪式的恢复和振兴。仪式是一种敬仰，将我们的内心和神圣连接。当心中充满了信仰，就不再害怕迷茫，不再害怕黑暗。生命的风雨越大，越需要回到“仪式”之中。

第四章

四种力量传精神

宣传的力量是可以地动山摇的，舆论即喉舌，一个企业员工的心智模式是如何形成的，在于环境和氛围，而环境重在宣传，如果员工天天抱怨，传播消极言论，则企业完矣。阅读使人宽广，写作使人精准，宣传好则胜过百万雄兵！宣传有两种，一种对客户，是对外的品牌和文化，让客户留下深刻的印象，第二是对员工，穿透员工的心灵，引起员工内心的共鸣！

第五章

五方活动聚能量

活动是团队融洽、和谐的黏合剂。回顾我们的生命中，难忘的都是一个个活动。生命如此平淡，我们需要更多的活动来使它变得丰富多彩。感受红尘才能消化红尘，活动的体验是最快融入心灵的法门！我们通过活动，让灵魂深入孵化。时间长了，慢慢会形成一种神圣感。老板是以悟修行，员工是以行修悟。

第六章

六大节日顺人心

日子本没有念想，除非你赋予了意义。当你把这一天赋予意义，而这一天的每一秒，意义和神圣感都会铭刻于你的内心。华夏民族千年传承之中，就有各种节日，意味深长，绝非为了吃吃喝喝。节日是一种对生命中重要时刻的庆祝，是人们和时空当下的对接。让我们的身心去体验这个殊胜的当下。

第七章

七招齐心创大势

人力资源管理是企业的战略管理，重中之重，所谓造物先造人！对于人才运营，有七把利剑，就是招、选、用、育、留、考、梯，这七步流程与企业的文化和价值体系息息相关。文化落地是否成功，只在于人的改变，在于在团队显现出的三大力量！是为团队的“凝聚力、活力、战斗力”！

第八章

八方宣贯明心志

宣贯之力度，决定水的深度，再好的理念，贵在沟通！毛泽东同志说：要“互通情报”，就是说要把彼此知道的情况互相通知、互相交流。这对于取得共同的语言是很重要的，所谓从群众中来，到群众中去！企业如果是宗教，客户就是信徒，员工就是传教士！传教士的人选非常关键！传道的八大方式是核心！

第九章

九讲故事传文化

故事彻底影响着我们的思维模式，人类最古老的娱乐方式就是讲故事，这一点在企业里也屡见不鲜。你可以发现许多杰出的公司，以传奇故事来沟通品牌和价值观，提高内部士气，建立外界的认知，更可以激发人们的想象力，增强企业的创新能力。企业应把故事作为文化落地的核心策略，因为感人的故事就是企业本真的文化。

第十章

十分表率定大局

企业文化有三大合一，第一是文思合一，有经典，第二是知行合一，有体验，第三是言行合一，就是领导者的行为和人格，这是最大的影响力。一个组织最大的表率是领导人。“所有人倒下去，只有一个人站着，这就是领导人！”把100个零件组装起来，了不起，工程师！把100个人组合起来，不得了，领导人！老板给员工最大的动力是自己有追求、有梦想、向上。

文明的背后就是爱

引子

市场经济呼唤中华文化，文化可以强国！仁、义、礼、智、信！忠孝！中庸！持节而行者，可至天下！人之初，性本善，仁爱是一种伟大的品质。因为爱人者，人恒爱之；敬人者，人恒敬之。夫仁者，已欲立而立人，已欲达而达人，这才是聪慧大爱之人。人心是一切的本，企业唯利是图，必然心背人离，萧条可待；企业积善行道，则心归人聚，兴旺可期。

思：为什么组织会倒闭

世界上什么是最大的力量？古往今来，许多武力强大的民族都已消失，上善若水的中华民族却还活得挺好！在北京西郊的妙峰山下，有一个大纪念碑，上书四个大字："精神不死！"也许这才是一切成功的秘密！

被黑格尔称赞为"骑在马背上的世界灵魂"的拿破仑，在临死前说："我曾经统领百万雄师，现在却空无一人；我曾经横扫三大洲，如今却无立足之地。耶稣远胜于我，他没有一兵一卒，未占领过尺寸之地，他的国却建立在万人心中。世间有两种武器：精神和剑。从长远看，精神必将打败利剑。"

吉姆·柯林斯先生在他的研究成果——世界级畅销书《从优秀到卓越》中说，任何企业如果有超越利润的目的，这个企业一定可以成功。而赚钱的企业未必会活得久。

基业长青的秘密

企业应有以下三重修炼：

第一重是战场，弱肉强食、适者生存，这样的企业能活个几年，因为在战场谁都撑不久；

第二重是赛场，你追我赶、强者愈强，这样的企业能活个十来年；

第三重是道场，神圣虔诚、和谐共生，这样的企业活个几百年都是短的。

只有真正到了第三重修炼的境界，企业才有活下去的源泉。

道场修炼的核心就是共同的纲领和理念，没有文化和理念会导致的后果，就是企业一定会倒闭，只是时间问题！因为一群散兵游勇，迟早会散伙！

前几年，东莞出现了"企业倒闭潮"，温州出现了"老板跑路潮"，究其根源是产业和战略的问题。其实更关键的是，在温州四百万人口中，做生意的有一百万人，其中究竟有多少比例的企业家呢？这些企业家中又有多少心怀使命和梦想呢？有人说温州人是中国的犹太人，温州尚且如此，中国企业的大环境可想而知！

显而易见的是，中国老板多，但是领袖少；创业的多，会经营的少；盖楼的多，打地基的少；善进攻的多，会防守的少；抓销售抓资源的多，有文化建机制的更少！风一吹，全倒！

生意生意，对于企业来说，更重要的是让生命有意义。俞敏洪讲宗旨、李嘉诚讲追求无我、王石取名不取利、柳传志讲拐大弯、冯仑说走正道……这些不功利、循天理的思想才是企业活下来的成功之道。

李嘉诚曾经在汕头大学做过一次题为《奉献的艺术》演讲。在演讲中，李嘉诚提到："今日我们可以像富兰克林建立自我，追求无我。""建立自我，追求无我"，这不仅是李嘉诚的座右铭，同时也是他的切实生活体会，更是他领导企业的一贯追求。

在《道路与梦想》一书里，王石提到："名利之间只能选择一项，或默不作声地赚钱，或两袖清风实现一番事业，我选择后者。"

"拐大弯"是典型的柳氏思维。从执掌联想到卸任的27年间，联想在柳传志的带领下曾安然拐过三个大弯道：分拆交班、走向海外、产权改造。因此，业界也评论说："单凭这三件大事，柳传志在中国商界的领袖地位无人能及、无人可撼。"

冯仑曾经讲过企业经营的"九字箴言"——学先进、傍大款、走正道。其中的"走正道"指的是通过正当的手段、遵循公平的原则合法经营，从而铸造企业有序经营的坚实基础，避免因走歪门邪道、旁门左道而走弯路，保证企业有序、高效、持久经营。

企业的根本是什么？全世界的优秀企业家有很多，他们通常有以下的共同特点：拥有崇高的理想、价值观和极大的精神财富。也正是这些无形的财富成就了他们的现在。事实证明：优秀的个人修养与卓越的组织，才能让品牌经得起时间的考验，即使是经过了长久的打磨，依旧会散发出耀眼的光芒。正因如此，某些公司的财报造假事件让我们心痛不已。切莫急功近利，我们的一言一行关乎华夏企业之形象。坚守长期主义，让时间的玫瑰绽放，才是王道。

中国和美国在 PK（对决）什么

最近三十年，中国的复兴可期，国人确实无比兴奋，中国的 GDP（国内生产总值）总量超越日本了，真是扬眉吐气呀，百年之耻一朝雪！

前些日子，我和一帮同学去了美国，大家坐在大巴上在讨论：究竟是中国地大物博，还是美国地广资丰呢？好像我们的土地资源主要在长三角、珠三角、内陆，而美国的西部有拉斯维加斯，如果 PK 我们的西部，显然是更高一筹！事实上，大清朝的 GDP 是当时英国的六倍，结果又如何呢？让我颇为不乐观的是，对比美国，我们的经济、军事、文化等方面还有一段漫漫长路要走。

对此，我大声疾呼，不要天天盯着经济总量，这是浮云！

我认为，中国的企业间出现的差距主要体现在品牌、公司声誉、企业文化等软实力上，而不是在厂房、产出、装备、物质资本等硬实力上。

美国制造业的强大关键体现在文化的制高点上：包括波音飞机、苹果手机和好莱坞电影等都已经成了美国的代表。

中国制造总产值已超美国制造，中国业已成为制造业第一大国，我们有理由自豪，我们改革开放至今不过区区四十多年。但我们更有理由警醒，我们的软实力欠缺，我们的文化高地不能失守。2020 年，中国成功地控制住疫情，华夏儿女的故事可歌可泣，我们的年度 GDP 已达到美国的 70%，可喜可贺。但是在人均效率上，大国文化的输出上，依然任重道远，我们需要有更多的《战狼》电影，我们需要有更多的华为，成为世界的 IP，我们要真正成为世界第一强国，引领世界和谐发展。

如果只注重市场经济的发展，而放弃儒家文化的话，估计“舶来品”就会慢慢腐蚀我们的心灵。现在不少华夏儿女移民了，虽然依然吟唱着“我的中国心”，可祖国的发展更需要你们出力呀。现在我们的节日里有圣诞节、情人节、感恩节，对西方文化，我们可谓来者不拒。

因此，我们务要注重华夏文化的内核！

美国为什么强大？据我分析有以下五大核心原因：

①农业赚钱（工具）；

②工业省钱（效率）；

③国债借钱（杠杆）；

④金融圈钱（机制）；

⑤文化吸钱（造梦）。

最厉害的正是第五条，文化才是最强大的力量。此番分析，当然不是长他人威风，劝君移民，国外是好山好水好寂寞，移民的朋友要想清楚。从我的内心深处，无限祈望祖国强大富强，这一番话是希望企业家们警钟长鸣，扬我国威，师夷长技以制夷。

企业文化：驱动企业前行的关键内核

我们的文化研究认为："就企业相关经营业绩来说，企业的基本经营思想、企业理念和企业目标远远比技术资源或经济资源、企业结构、发明创造及随机决策重要得多。"当然，这些因素都会在一定程度上影响企业的业绩，但我认为，它们在很大程度上来源于企业所有员工对企业的基本价值观念的信仰程度，同时来源于他们在实际经营过程中如何贯彻这些观念的信誉度。

稻盛和夫一手创建了两家世界500强企业，京都陶瓷和KDDI通讯，稻盛先生崇拜大儒西乡隆盛，提出"敬天爱人"的企业精神，西乡的偶像正是中国的圣贤王阳明。心即天下，你一走进京都陶瓷，迎面的一句标语就让你的心为之震动，上面写着："当稻盛哲学开始淡漠的时候，就是企业灭亡之时！"稻盛老先生指明经营者为什么需要哲学，提出明确的"六项精进"和"经营十二条"，而经营十二条的第一条，就是"明确事业的目的和意义"！心怀大愿和大义名分，方可大行！

2019年7月，我去参加了盛和塾全球最后一届大会，当我听到老先生说"好好奋斗，做好自己的企业，照顾好身边的人"这两句话时，不仅潸然泪下。一句多么朴素而真实的话语！我们真正的幸福就是照顾好身边的人，关爱好我们的伙伴，关爱好我们的客户，和我们的上下游、同行都形成盟约，考虑他人的利益，才是真正的智者和圣人。

那一天，我们匠商同学游学东京，想探究稻盛先生拯救日航的奥秘。在拜会日航之前，我们去了目黑川，去感受美丽的樱花，这里是东京观赏樱花最有名的地方，中间是清澈的河流，每隔 100 米就有一座小桥，道路两旁开满了粉色的樱花，樱花伸向了小溪，在河中相会，与清澈的溪水，惬意的野鸭，构成了一幅自然和美的画面。当你置身于画中，你会感受到其水的清澈，宁静和安逸。最美的不是樱花，而是你内心鲜花的盛开，开满你的一生。

下午我们去到了日航。日本航空正是稻盛和夫曾经战斗过的地方，从 2011 年到 2014 年，稻盛先生将日航从负债几百亿做成世界准点率第一名的航空公司。

在纪念馆感受到了令人流连忘返的历史和故事，欣赏日航每年的纪念品和荣誉墙。

我问接待我的本田先生，为什么稻盛先生能够将日航扭亏为盈，起死回生？

他说道，因为稻盛调动了大家的积极性。如何调动积极性？他说因为稻盛先生每两个月会召开一次员工大会，无话不谈，把日航打造成一个透明的玻璃瓶一样的经营体，让员工能知道自己的业务单元是否赚钱，还是亏损。

在我问到日航公司的经营哲学，他分享说日航的经营哲学是能够一家人，一家亲，一个连着一个，构建血浓于水的关系。日航的哲学手册，就像毛主席语录一样印在每一个员工的心里，这个比喻真是绝妙。

随后我们去了现场，参观了日航工厂的准备，工厂现场赫然四个大字：“整理整顿”。整个飞机的准备非常的严谨和细致，与跑道零距离地接触，一架一架的飞机从身畔飞起，非常壮观！临行前和接待我们的这位 40 多年的老员工合影，感受到他对日航的尊重和敬意，感受到日航浴火重生，凤凰涅槃的勇气和决心。

匠合咨询上海公司两周年时，我们邀请了景仰已久的森田先生来演讲。他说，稻盛先生拯救日航时，只带了两位高手，其中之一是森田直行先生，负责企业运营。森田老先生一来我们公司时就鞠躬表示感谢，向我递送名片，礼仪大美，精神矍铄！很难想象这是一位 77 岁的老人。

约定时间下午 1：40 开课，结果一点半已经正式开课，森田老先生站立行礼鞠躬，坐下开讲。

2010 年，稻盛先生接受将日航重组任务时，邀请了他的左右手森田直行先生。森田从 60 年代初大学毕业就加入京瓷，一路奋斗，后担任京瓷经营研究所的社长，也做到了上千亿的市值，先后担任京瓷和日航的副社长，其内心的力量，其从容、淡定、纯净都令人心生敬仰。

让一个负债几百亿的企业破产重生，真的是无比艰难的一个挑战，大家伤透了脑筋，反复去琢磨，发现日航最大的问题就是没有人对利润负责，因此特别成立了经营管控部，对每一趟航线的利润负责，尤其是不赚钱的航班要调整。

在日航 40 多年的历史中，从来没有在二月份赚过钱，没想到在划小经营单元的半年之后，二月份就神奇地开始盈利，这正是划小经营单元的强大魅力，日航全体员工的积极性被大为调动。

阿米巴的逻辑就是上下一致，是人人皆是经营者。

演讲中，凝视在我面前几米这位白发苍苍、久经沧桑的老人，不禁泪水浸润，视线渐渐模糊，将他的一生献给了京瓷，献给了日航。想象其跌宕起伏的人生，想象其坚毅如石的决心，却无法想象当事人所面对的荡气回肠的人生挑战。每一个人在面对人生逆境的时候要迎难而上，迎风而立！创造出我们生命一个又一个的巅峰，演讲完毕，森田先生为我们答疑，并一一微笑合影，为他的大作签名留念。

这是极富意义的一天，因为我们邂逅的不仅是森田先生，还有日航重生的勇气。我们聆听的不仅是森田先生的演讲，而是一种在逆境中穿越的决心，涅槃重生的力量，这种力量直抵我们的内心深处，将成我们一生之动力。

我们的每一个人的内心都有神圣之剑，让我们破局重生，破除迷雾，直达云霄！

今时今日，我们匠合公司的职场正悬挂着稻盛老先生的手书条幅“利他心”，何为利他心？如何利他？有三重境界。

利他的第一重境界，是让他获得物质的丰盛，能够拥有充裕的生活，不再为衣食而烦恼，能够照顾好自己的家人。

利他的第二重境界，是赋予其积极乐观的人生态度，果敢向上、主动、热情、自信、从容，赋予阳光之力量。

利他的第三重境界，也是最高的境界，是赋予其人格、大爱、真善美的心灵。懂得关爱，懂得付出。无论问题为何，爱是唯一的答案。

赋予物质的丰盛，精神的力量，心灵的高尚，这就是我们利他的三大纬度。

因此，匠合咨询绝不是来设计一个合伙的利益机制，而是共同来建立一个心灵丰盛、和美大同的家园。华夏先哲说：“和谐，和顺，和美，家和万事兴”。

和家人和，和伙伴和，和心和，和万物和，我们才能够走进无限的商业文明，才能够真正造福这个世界！

最大的危难，存在于企业家的内心

我们是为一件大事而活，这就是我们的精神世界，我们内心的良知、豁达、光明、愉悦、坦荡！

我小时候羡慕神仙长生不老、腾云驾雾。究竟有没有神仙，谁也说不清。但通过自我的砥砺和修炼，内圣外王，已是至美境界。今天我终于明白，理想的人格就是“神”，贫贱不能移、富贵不能淫、威武不能屈，这就是神；毫不为己，一心为仁就是神。

人生的美好一定来源于良好的自我！什么自我呢？首先是自我认知，建立自我心像：我是谁？清晰自我定位：我现在在哪里？设定自我目标、自我期许：我将去哪里？明确自我理想：我想成为谁？如果这些哲学原点的问题没有弄清楚，一切奋斗都是瞎胡闹！

搜狐 CEO 张朝阳说：“以前我曾经认为，越有钱，越有名气，就越幸福。但是经过这两年的闭关，我认为钱多不是幸福的保证，钱跟幸福没关系。如果没有管理好自己，往往更容易让你陷入精神的痛苦。”在张朝阳进行闭关修炼后，他发生了三个变化：接地气、谦卑、拥有幸福观。“以前我曾认为别人接近我都是有目的的，很少理睬那些主动接近我的人。现在我彻底变了，生命中每一分钟都是很有意义的，哪一时刻遇到哪个人跟你说话，一定是有意义的，也是我生命中的一部分。”

所谓有所为，有所不为，我若没有明确教育培训的价值，也不会做到今天。“赠人玫瑰，手有余香”，“法布施为无上布施”，这些理念正是我“内在的支柱”！35岁的时候，我把家从南京搬到上海，放弃了大房子，全家人租住在一套小房子里，只有一个洗手间，连牙刷都找不着，卧室靠着马路，半夜都在轰鸣声中度过，那时我真是辗转反侧、思绪万千。

我扪心问自己：我的目标是追逐名利吗？是的！也不是！我的内核是要成为一个有价值的人、一个有大贡献的人！南京的安宁已是往事，我只有像长江一样奔流不息，才会拥有丰富的生命！折腾只为浮上水面。重要的不是我得到了什么，不是外在物质的累积，不是我此生做成了什么事，我奋斗的目的，是在于岁月的淬炼，在于我此生已经成了什么人！一个专注、笃定、平和、中正的人！一个拥有强大内心的人！一个襟怀坦荡、境界高远、自信平和、慈悯苍生的人！

稻盛和夫认为：“不论你多么富有，多么有权势，当生命结束之时，所有的一切都只能留在世界上，唯有灵魂跟着你走下一段旅程。人生不是一场物质的盛宴，而是一次灵魂的修炼，使它在谢幕之时比开幕之初更为高尚。”

人的心灵就像是一座花园。在这座花园里，你既可以选择去播种智慧，也可以任其长满杂草。但你要知道：你现在所处的环境就是你所播种的结果，思想是一颗种子，所以要小心播种。如果我们选择了正确的思想，并让其在自己的心中牢牢地扎根，那我们的生活必定会得到升华；如果我们选择了错误的思想，并任其不断地滋长，那么我们很可能会面临危险的处境。

孝庄对康熙说：孙儿，大清国最大的危机不是外面的千军万马，最大的危难，在你自己的内心！

我们要意识到，人生其实只有两个问题：

①我的内心可以宁静到什么程度？

② 我的付出可以为人类贡献到什么程度？

前者是内在世界，后者是外在世界！

有了内在世界，才会有外在世界。内在和外在的关系究竟为何？学思经年，我梳理如下：

① 东方人说，内圣外王，内在圣贤境界，外在王霸功业；

② 心理学说，内静外动，内在安静恬美，外在活力澎湃；

③ 哲学家说，内盛外裕，内在精神丰盛，外在物质充实丰裕！

爱的格言

爱是美德的种子。

——阿利盖利·但丁　意大利文艺复兴时期著名诗人

悟：为什么中华文明绵延五千年

如将中国比作一个企业，这才是世界上独一无二的大集团，传承五千年荣光，员工人数世界第一，秘密何在呢？孙中山先生说："国者，人心之器也。"1911年之前的中国，苦难之深重，世所罕见！而民众之觉醒，力拔天下！辛亥革命，虽千万人吾往矣！

人心的秘密何在？我们有一次邀请了我的恩师、演说家李燕杰教授来论道（从在大学的阶梯教室心潮澎湃地听李教授演讲，到后来有机缘拜入大师门下，点拨雕琢我愚鲁之资质，感谢感恩）。席间我向尊敬的李教授请教陈立夫先生的《四书道贯》，恩师谈及和陈先生以文会友，其对中华文明缘何能绵延不绝、世代传承的诠释，极为到位。精辟论述如下：

"中华民族，为什么能够屹立五千年呢？中华民族之所以能团结十三亿人民为一家，传承五千年光荣历史，是因为我们有魂，有文明，有仁、义、礼、智、信。在春秋战国时期，中国的至圣先贤就已发现了人类共生、共存、共进的大道。这一大道，于理而言，为'公'；于己而言，为'诚'；于人而言，为'仁'；于功而言，为'行'；于生活言行而言，为'礼'。"

没有道德的市场经济可以走多远

今天，社会非常浮躁，多元化的价值观冲击着每个人的心。

中国从管子（管仲）开始有"士农工商谓之四民"的说法。之后的数千年，商业都是不入流的！到王阳明认为士、农、工、商"其归要在于有益于生人之道，则一而已"，且进一步说明"古者四民异业而同道，其尽心焉一也"的观点，他把传统观念中一直被视作"贱业"的工商摆到与士同等的水平。

到了现在这个时代，一切以效益为导向，全中国的人在都谈股市，全中国的老板都在谈上市。市场经济最大的问题，就是一切以金钱来衡量和交换。飞机的头等舱不用排队；孩子要学习，花钱就有好学区；在医院，没有付费，你恐怕无法得到全方位的治疗。

我向广大读者推荐一本书——迈克尔·桑德尔著的《钱买不到什么》。最近两年，由于金融危机，西方的许多主流思想对市场经济进行了深刻的反省，可追逐金钱几乎曾是中国企业唯一的价值标准，于是我们看到了“毒胶囊事件”“地沟油事件”“毒奶粉事件”等等。我们实在很难独善其身，我的母亲告诉我，我的侄子也吃过三鹿奶粉，我捏着我侄子的脸，郑重地说：“你小子很坚强啊。”

我每天早晨吃早餐的时候，都会问老板：“你这葱油饼用的啥油？”老板告诉我：“好油，保管好油。”于是我幸福地鼓励和安慰着自己，去享用我的早餐。有一段时间我只吃菜包，因为我听说猪肉中有瘦肉精。后来早餐改吃花卷了，可是我听说居然还有“毒馒头事件”。我无奈感慨：世道艰险，防不胜防啊！

《中国经营报》曾在头版登过一篇文章：《没有道德的市场经济可以走多远？》，主题是百万人对“小悦悦事件”的忏悔！是啊，富在身上，穷在心灵！我们的精神建设迫在眉睫！

有一次，记者们拐弯抹角地问著名主持人孟非先生的哥哥：“你弟弟这么成功了，你咋搞的？”其兄长很有水准地回答道：“我不知道该咋回答。但我想，刘翔若有哥哥是不是应该比刘翔跑得快？聂卫平若有哥哥是不是下围棋一定更厉害？其实我跟弟弟聊的更多的是完善自我的事情。荣誉不是成就，这在古代欧洲的骑士精神里有，在古代中国的士大夫精神里有。”

孟先生对此问题的答复也颇具警世恒言的风范：整整一代中国人都在病态地追求成功或者说追求病态的成功！

市场经济的反思与救赎

现在，我们迫切需要呼唤传统文明的回归。金蝶公司创始人徐少春也感慨道：“今天中国人精神的匮乏，与三十年前的物质匮乏一样，令人心痛。”市场经济呼唤中华文化，呼唤文化强国！仁、义、礼、智、信！忠孝！中庸！持节而行者，可至天下！《礼记·大学》中说："一家仁，一国兴仁；一家让，一国兴让。"《弟子规》说："凡是人，皆须爱，天同覆，地同载！"人之初，性本善，仁爱是一种伟大的品质。因为爱人者，人恒爱之；敬人者，人恒敬之。夫仁者，己欲立而立人，己欲达而达人，这才是聪慧大爱之人。先贤都说："天下之至仁者，能合天之至亲者也。"意思是，施人以仁，往往能够成就自我。心笃而定者，可成大道！人心是一切的本，企业唯利是图，必然心背人离，萧条可待；企业积善行道，则心归人聚，兴旺可期。

"业力"决定一个人的人生！业力是什么？是我们的所思、所想、所行！简单来说，是我们所做的一切事情！因果是一切法的最高法。善因方为成果之源。积善之家，必有余庆。

大宝在一周岁的时候，早晨出门会蹒跚踮着步送我，会拿着水果让我先咬一口，会像一个小弥勒佛似的笑，会奇怪地喊叫，令我好开心，人生有爱才会欢喜！不承想，我竟然有了二宝，她没眼睛没鼻子地笑，让我如此痴醉。

有时候给予更能让人感觉到幸福，在爱的世界里，到处都是阳光与温暖。爱可以让一个人变得阳光、快乐，从而去为别人制造更多的温暖。当我们接受别人的温暖时，一定要记得把它传递给更多的人。要时常拥有一颗感恩的心，感谢爱和生命。小时候我痴迷于金庸先生的小说，其中有部中篇叫《鸳鸯刀》，书中一直在说一个无敌于天下的大秘密，无数江湖英雄你争我夺！书的结尾，鸳鸯两刀合并，只见鸳刀上写着"仁者"，鸯刀上写着"无敌"，合起来是仁者无敌！我幡然醒悟，"仁"就是无敌于武林、至高无上的大秘密。

李锦记是百年老店，将中华文明中的"和文化"作为企业之源头，取得生生不息的发展。公司创始人爱注心田，立传《思利及人的力量——成就一生的九个法则》，取自唐诗"至乐莫若读书，至要莫若教子……修身岂为名传世，做事唯思利及人。"强调竞争只是表象，抓住本质才能成功，其企业的宣传语和本书的主题很贴合："谢谢你让我尝到沉默而深切的爱！"在这本书中，作者认为企业文化的三原则和九法则应如下图所示：

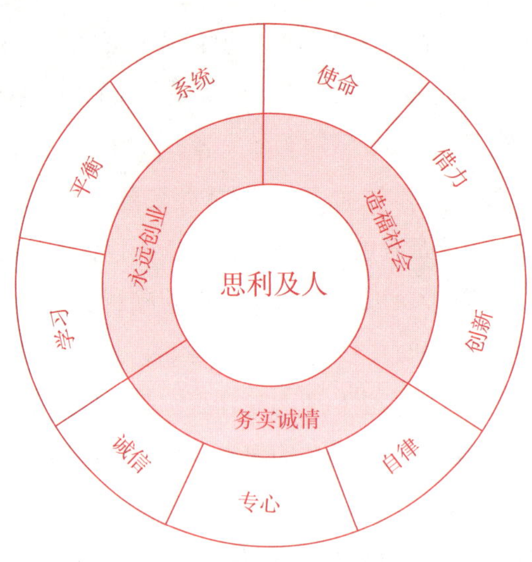

有爱的商人，是追求三赢、义利合一的商人；有爱的老师，是懂得欣赏、尊重的老师；有爱的男人，是厚重自达、实现自我的男人；有爱的女人，是花香蝶自来的女人；有爱的父母，是嘉许孩子成就的父母；有爱的孩子，是敞开身心、灵动活泼的孩子！

爱的格言

爱之花盛开的地方，生命之花便能欣欣向荣。

——威廉·凡·高　荷兰后印象派画家

醒：为什么儒释道文化能传承千年

中华文化中思想瑰宝之多，无以计数。诸子百家光华璀璨：墨家爱人和教化；儒家文化和伦理；法家变革和制度；兵家严明和奖惩；道家处下和无为；鬼谷纵横和权谋；佛家自觉和因果。

究而言之，佛家讲求的就是人和自己内心的和谐，儒家讲求的就是人和人的和谐，道家讲求的就是人和自然的和谐。

南怀瑾先生认为，几千年来东西方文化虽然那么多的不同，但是宗教、哲学、科学却是殊途同归的，其根本的目标一致，三位一体，各擅其长。但是现在的宗教、哲学、科学，彼此要么不相干，要么互相倾轧，忘记了根本的目标，社会当然会乱，怎么可能和谐呢！

南怀瑾大师更送出警言："我们所面临的局势，是东西方人文文化将要同临崩溃……我们不仅需要为复兴东西固有文化而努力，我们更应该为人类文化开创新的局面，肩负起拯救世界人类危机的责任。要发扬东方人文文化与固有的人生哲学，来补救因自然科学促进物质文明的发展，所造成的工商业社会之弊病。"

儒释道三教博大精妙，我管中窥豹，分享一些人生体悟和对我们的现实意义，让我们共同探讨一下！

儒家：企业家的责任，坚守良知

儒家是华夏文化的正统。天不生仲尼，万古如长夜！"仁义"二字润泽了多少华夏儿女的心灵！亚圣孟子，我善养吾浩然之气，俯仰无愧于天地；庄子，逍遥化蝶真人之美；朱子，格物致知；王阳明，文治武功，知行合一，致良知。

我曾去印度合一大学修炼，印度的环境确实不太理想，路边的小店使我想起了小时候乡镇上的杂货店，有点像 20 世纪 80 年代的中国。印度人民大多活在简单的喜悦中，甘地作为领袖就十分简朴，这虽然值得尊重，但也引发了过俭的浪潮。没有欲望也是大患！"岂止"是人生和社会进步的大智慧，佛家叫精进，儒家叫百折不挠！为什么中国能成为世界经济强国？关键在于灿烂的华夏儒家文明：锲而不舍，金石可镂；天行健，君子以自强不息！

很多企业在学《弟子规》，《弟子规》确是儒家经典，是我们做事行为的标准，《弟子规》上说“昏定晨省”，即早晚都要向父母请安，这代表“孝”。中国为何成了世界人口最多的国家？“不孝有三，无后为大”。于是中华儿女都拼命生孩子，生怕落个“不孝”的罪名，这正是理念的影响力啊！

日本企业在承接中国传统文化的时候，主要关注的是两个人的哲学。第一是孔子，日本的涩泽荣一先生著有《右手论语，左手算盘》，第二是令我无比神往的大儒王阳明，他创建了“心学”！

第一次知道阳明先生是在读一本公司的培训教材时。十多年前，我初涉社会时的第一份工作是推销，常常被顾客的拒绝打击得七零八落，内心百转千回，直至看到那本培训教材，其中有一句话像闪电一样击中我的心，是为“破山中贼易，破心中贼难！”刹那间，有开悟的感觉！

儒家文化揭示了天人合一、人际和谐。如何获得？儒家的正宗回答是，修身。自天子以至庶民，皆以修身为根本！如何修法？始终不得要领。直到王阳明先生在晚年将弟子喊到天泉桥边，进行了他最后一次课业传授，这就是哲学史上著名的“天泉论道”！心学的四句口诀：无善无恶心之体，有善有恶意之动，知善知恶是良知，为善去恶是格物。

“良知”二字正是阳明经历九死一生得来的大道！

良知昭然不昧，万古如一日地存在！阳明的“良知体系”的起点，就是事物之理本来就在我们心中，在每个人内心深处。理就是我们的良知，比如孝敬父母，比如恻隐之心，比如诚信待人。

何谓良知？即天赋道德的观念。王阳明认为，人心固有的“本然之知”即为良知，它是善恶、是非的终极标准。因为是人心固有的东西，所以有良知的人见到父母自然知道要孝敬，见到兄长自然知道要恭敬，见到小孩子掉进井里自然会产生怜悯之心。圣贤并不难成，只要人们能够把自己的这种良知用于生活中的每一个地方、每一个环节，那么自然也就成了圣贤。而普通人之所以无法到达圣贤的境界，就在于被私欲蒙蔽了良知。因此，要想取得大的成就，就必须秉持先天本然的良知，并不断改进提高，这也就是王阳明所说的“致良知”。

王阳明说："千圣皆过影，良知乃吾师。"古往今来的圣贤都是云烟，你的成就只和你自己的良知有关！这与曾国藩先生所言不谋而合："即使你和尧舜住在一个屋子里，自己不发愤图强，经年以后，尧舜还是尧舜，你还是你！"振聋发聩呀，我拍案起行！

良知如同一块璞玉，在世间久了，看起来好像一块石头！只有不断擦拭，和内心深刻对话，才会发现你温润真实的内心，原来如此光泽动人！

这个时代，每个人都在疯狂地寻找，却并不知道自己找的到底是什么；每个人眼神中流露出的焦灼，都透着一种非常急切的状态。其实更多时候，我们应该审视自己的内心，做一个心灵的链接。驰骋于兽性，却自认高明光大，这是"魔"。因此，只有传承中华文化，才能使华夏儿女在新的时代找到归属，找回本真，找回良知，中华文明方可源远流长。

佛家：在员工心中种下善的花朵

佛家有什么样的智慧呢？我曾探访过灵山大佛，佛学的浩瀚令人无比震撼，梵宫门口八个大字，解释了我们一生：大愿（发大志愿）、大行（起大行为）、大智（生大智慧）、大悲（怀大悲悯）。

大愿，当然是众生离苦得乐；大悲，当然是心怀怜悯，慈悲感怀；于是怀梦前行、泽爱苍生，即有大行；大智是什么？就是不管是不识字的老太太，还是一个伟大的科学家，或像弘一法师李叔同那样的大师，都能在佛教里面找到他们生命中的喜悦和归宿。

我的体悟：脸要像弥勒佛一样！开阔！心要像观世音一样！慈悲！

佛法认为众生皆为佛，但你可能会有疑问：那么，为何众生都没有成佛？那是因为人们迷失了自己的心，找不到方向。只有顿悟了，明确了方向，才能具有佛性。

信佛家被众人看作是消除烦恼、驱逐诸苦的一种方式，于是心里一有什么事就开始烧香拜佛，希望菩萨可以帮助自己渡过难关。其实，这只是在寻求心灵的寄托，是一种自我安慰的形式。不管佛有没有帮你渡过难关，此时此刻，你的内心都已经达到了一种平衡。至少通过对佛的诉苦，让你的心变得畅快。

我们要思考，如何像佛家一样"激活"员工的精神世界。

证严法师说：“员工心中种下了善就不会有恶，地上种下了花就不会长草。”一根蜡烛要有心才会燃烧！

在此分享几次佛门至美体验。有一次，一群同学去修禅，时值冬日，天寒冽骨，大家相约去净土宗祖庭香积寺体验佛门早会，感受世界上经营最长久、最成功的组织是如何开会的。大象半夜三点就集合乘大巴出发，只因佛门同修四点半就开早会了。下车一看，真是吓了一跳！其间印象最深的有二，一是对心经的集体唱诵，余音袅袅。二是一位年老的僧人在每次敲打木鱼前，都要先拜三下，用毕再对木鱼三叩首！专注虔诚至此，令我唏嘘不已！

另一次修禅的体验是在少林寺，大家围着古老的银杏树在唱《放下歌》，边转圈边漫步、高举手轻放手，一个无比匆忙的人忽得此闲暇大美，内心着实气象万千。其时晨钟暮鼓，佛音氤氲，时有仙风道骨之感。歌词如下：“春有百花秋有月，夏有凉风冬有雪。若无闲事挂心头，便是人间好时节！”

一个人因为事情不开心的时间恰是自己开悟的时候。有人郁闷了一生，有人痛绝了数年，有人烦恼了几月，有人只五分钟便洒脱，修炼当是放下的快慢！

为了研究佛与人的区别，我曾写过一首小诗，谓之《人和佛的差距》：

> 人的手心向上！祈求希冀！佛的手心向下！普度众生！
> 人活在感觉中，佛活在觉悟中！人注重自己，佛关爱众生！
> 人被情绪左右，佛让情怀升华！人以失去为苦，佛以痴迷为苦！
> 人忧果，佛忧因！
> 人常常皱眉，佛时时欢喜！
> 人皆可成佛，唯心莲绽放！

一个人的自我信念、价值观和内心准则，决定了自己的态度。若你有了佛的态度，就有了佛的心情！美不可言！

道家：激活团队的能量场

我曾经两赴青城山，正所谓问道青城山，拜水都江堰！峨眉天下秀，青城天下幽，堪为草木深深之境所静心，老子之浩瀚思辨所折服。老子原名老聃，到唐朝时，被改名为李耳，因为皇室李家需要找一个高人认祖归宗，足见影响之大。他写了一本书叫《道德经》，一共只有五千字，开篇即为“道可道，非常道”，而“处下”“慈和俭”“不敢为天下先”“知人者智、自知者明”之思想精髓早已被国人耳熟能详。

值得关注的是，《道德经》讲了半天也没点透“道”究竟是一个什么玩意，但是老子用了“小婴儿”“水”“日出”等大量的比喻来解释什么叫道。老子说，道这个东西不能说，说不清楚，一说就错了。老子从来没有说，道究竟是什么。但是我们发现，小婴儿、水，还有太阳，它们有一个共同的特点，就是都具有生命力。有一次我和长江商学院特邀教授方尔加先生交流，他也认为道就是“生命力”。我延伸一下，道其实就是能量场，就是势。一个企业若能激活员工的能量，若能激活团队的能量，这个企业就厉害了，就有希望了；如果团队中的每一个成员都生机勃勃、都有能量，都像小婴儿一样，都像初升的太阳一样，都像水一样，这个团队就有了希望。

爱的格言

爱是理解的别名。

——罗宾德拉纳特·泰戈尔　印度著名诗人、哲学家

第一章 一本经典定灵魂

理念哲学文化这一切，统称为“精神”运营，宗教是为信仰，政党是为纲领，企业是为价值体系！企业必须有自己的“经典”！一套完整的道德、态度、伦理的思维体系！传承的第一要素就是运用精妙精到的文字提炼企业的文化，做到竖可传代，横可复制，让新员工一进入公司就感受到我们的“家规和家训”。共识才能共赢！让所有员工都清楚公司的对错、是非、善恶的标准，道不同不相为谋，不和者出局。

第一节　典范：经典的总是最好的

文化必须要白纸黑字，将经典的思想传承。因为有了《论语》，才有了几千年华夏文明；因为有无数高僧大德对《金刚经》的注解，譬如玄奘法师版本的《心经》，才有了璀璨的佛家文化。

我在微博上看到一段话，“五个犹太人改变了西方世界”：第一位是摩西，他说：“一切都是律法”；第二位是耶稣，他说：“一切都是苦难”；第三位是马克思，他说：“一切都是资本”；第四位是弗洛伊德，他说：“一切都是性”；第五位是爱因斯坦，他说：“一切都是相对的。”

对此我对仗了一段话，“五个人改变了中国”：第一个是老子，他说一切皆是道；第二个是孔子，他说一切皆是仁义；第三个是孙子，他说一切皆是势；第四个是王阳明，他说一切皆是心；第五个是毛泽东，他说一切反动派都是纸老虎！而在这五位伟人的身后，都有“经书”——强大的理论体系在支撑，分别为《道德经》《论语》《孙子兵法》《传习录》《毛泽东选集》。

在美国，总统宣誓就职，都要一手按住《圣经》；在伊朗，旅馆中每一个房间都郑重地放着《古兰经》。

企业创始人要找到公司的灵魂，然后制定出公司的核心价值观，建立大家的认同感，产生公司的凝聚力，最后创建好的体制（公司的领导人、架构、机制、监督形式）。

匠合咨询的文化手册命名为《合心利他》，我们的大义是：共建“合伙合心”的新商业文明。

何为“合”？

人的一生，是一个“合”的过程。

第一个和自己“合”，和内心“合”，你清楚内心价值观的排序。爱、感谢、放下、臣服，一个人和自己的内心和解，是和全世界和解，这是佛家的要义。

第二层级是和家庭合，和夫妻合，父子合，母女合，人际关系和美，拥有原生家庭的爱的力量，拥有幸福的画面感，家和诸事可成。人合是儒家，儒家是讲人与人之间如何相处，己所不欲，勿施于人。

第三个合，是与团队合。团队欲成大事，必予其支持、协助、分享、沟通、付出，相互喝彩、彼此成就，才能产生力量。与团队合，是墨家，兼爱。

第四个层级与天地合，万物合，与一草一木合，不杀生会放生，不暴殄天物，节俭珍惜。这是道家，道法自然。

从佛家，到儒家，到墨家，到道家，直至实现天人合一。

坐言起行

您企业的灵魂和教义：

爱的格言

人间如果没有爱，太阳也会灭亡。

——维克多·雨果　法国著名浪漫主义作家

第二节　冠名：为文化手册起个好名字

企业文化手册，不光内容要经典，名字同样要经典好记。好名字是好风范，文化手册不应是古板的，可以有一个活泼、贴近行业、意味深长、燃烧斗志的名字，比如我们在咨询过程中，接待过一家摩托车销售公司——人本企业。由于中国很多城市限摩，该公司一直在挑战中求发展，老板陶总还酷爱哈雷摩托，曾远赴美国追逐哈雷的梦幻世界。我们思虑再三，将企业文化手册起名为《奔跑的梦想》，一语双关：一是摩托车驰骋世界的梦想；一是为摩托事业，生命不息奋斗不止的梦想。语毕，老板陶总拍案而起，连连称赞，认为终于找到了企业的魂。

我们在为中远电气做文化手册时，为它起名为《中和之美》。“中”这个字是中华文字里最具意义的词，中庸是宇宙之间最高之智慧，谓最佳的位置和方式；“和”代表和谐、和顺、和美、和气，“和”是一切成就的前提。

乐物乐屋的创始人甘总大爱无疆，立志为来自山区的导购姑娘改变人生宿命，文化手册起名为《通天的路》，直抒胸臆，字字千钧。

山东的义升环保公司，是一家致力于生产环境保护设备的企业，企业文化手册取名为《给你一片蓝蓝的天》，其寓意一是谓客户环境之美，寓意二是谓员工空间之大。

我曾为数百家企业编撰企业文化手册，打造企业之魂。下面是一些企业及其文化手册的名字，仅供参考借鉴：

公司名	手册名
辰邦贸易有限公司	《遇见无限可能》
朝花惜拾	《多彩的旅程》
齐装网	《齐心共装》
建旗	《共创“旗”迹》
图腾电气	《电亮世界》

续表

公司名	手册名
同得兴	《同心同“得”》
贵利	《贵之道·利之法》
吧啦熊	《美味人生》
依霖美业	《为爱绽放》

企业文化手册的起名，是尤其重要的。它不仅决定了企业文化手册的品位，同样也影响它的流传。当然，经典的企业文化手册，除了要有好名字之外，还有众多重要的构成要素，其中有愿景与使命、核心价值观、企业精神等方面，更是企业最重要的灵魂要素。

坐言起行

您企业文化手册的大名：

爱的格言

爱，可以创造奇迹。被摧毁的爱，一旦重新修建好，就比原来更宏伟、更美、更顽强。

——威廉·莎士比亚　文艺复兴时期伟大的剧作家

第三节 找魂：愿景和使命

每一个伟大的人都有内在的支柱，心中的神，那强烈的使命和信念！乔布斯说：“活着就是为了改变世界，记住，你将死去。荣誉、骄傲、对难堪和失败的恐惧，这些在死亡面前都会消失。当你思考你将会失去某些东西，记住你将死去。你没有理由不跟随自己的心一起跳动。生命有限，不要将时间浪费在重复其他人的生活上，而是听从你的直觉和心灵的指示，知道你想成为什么样子，其他都是次要。”

企业也是一样，愿景就是企业未来的大画面，催人奋进。

愿景有四要，即要伟大、要简洁、要有感动力、要结合行业特征。

飞利浦 CEO（首席执行官）万豪敦这样谈愿景：“设定怎样的目标呢？设定目标并不困难，但找到一个有实践意义的目标却并不容易。而且，要想这个目标得到实践，还需要争得团队中每个人的赞同。”所以飞利浦给自己设定了一个愿景：“到 2025 年的时候，我们能够改善全球 30 亿人的生活。”

愿景第一是做久，关键词是“百年老店”，如阿里巴巴——做一家 102 年的企业，南京桂花鸭集团——做百年桂花；

愿景第二是做大，关键词是“第一名”“一流”“世界级别”，如麦当劳——控制全球食品服务，华为——必须要成为国际电信联盟的成员；

愿景第三是做强，关键词是“影响力”“做特色”“研发创新”“市场份额”，如东风日产——以最有价值的汽车产品和服务为顾客提供丰富的、人性化的移动生活体验，联想——高科技的、服务的、国际化的联想。

数据表明，那些总是向人们共启愿景的领导人，相比于那些很少共启愿景的领导者，在实现长期利益方面，高出 16 倍。

任正非先生在创业时说：通讯事业天下三分，华为必占之一。

马云创业时说，我们要做一家让中国人感到骄傲的伟大公司，实现 50 亿美金的营收。

领导者要向人们强调为什么？为什么这样做？为什么这件事情重要？

这就激活了人的大脑的奖励系统，这不仅提高了人们的努力程度，而且增加了他们对做事情的认同。

假如说你的客服中心有两类员工，一类是发自内心想为人们解决问题，而另一类是只是让人们尽快挂断电话，后者只是让客户相信我们已经竭尽全力，而前者才是真正的带着使命和爱。

卓越的领导者必须使他们的追随者、团队明白，你们拥有引人注目的愿景。

如何做呢？

第一个，要使用带有图像的文字。

正如马丁·路德·金的《我有一个梦想》，你要去描绘一幅画面，要将愿景带入到他的生活，让人们能够看见、听到、尝到、摸到、感受到。

只有基于图像的词语才可以激励人们，产生人们的激情和信念。

第二点，把共同愿景和他的个人抱负联系在一起，这是关于你的愿景，不仅是关于组织的愿景，而是你的职业生涯规划，是你财务自由的梦想！

第三步，将愿景分解为战略行动，确定执行人、衡量目标。

有一个同学来找我，问到如何推动加盟和城市合伙人？我们分解未来三年的战略，应是100家店，如何分步实施呢？今年是十家直营；第二年是30家直营+联营；第三年是100家加盟+直营。此时此刻，他的双眼冒光，非常开心和激动，已经知道该如何做了。

当我们开始行动的时候，我们不再慌乱，即使在迷雾中，我们依然一点一点地前进。

愿景让人们在黑暗的隧道中依然能感受到光明，看见无限的未来。

总结：愿景要图案化，愿景要个人梦想化，愿景要分步骤化。

在我的《运营定天下》课程里面，我会运用心理学的技巧，通过时间线帮助学员走到未来，看到那幅神圣而美好的画面。人因未来而强大。

分享我们所咨询企业的愿景，这是真实研讨的成果，每次愿景出炉，总是心向往之。

公司名	愿景
浙江赛兄纳弟	做中国广告用品行业最值得信赖的服务平台
乐物乐屋	打造服装人才孵化基地 共建共好创富平台
辰邦贸易	打造一流新零售团队 成为电竞潮文化的青春引领者
建旗	实现建筑行业产业链的深度融合，共生共美
同得兴	做百家连锁，创百年老店
合众电力	打造变配电工程的品质标杆，成为电力服务的托管专家
欧恩利	自然原创，品质如一，美学瓷砖代名词
吧啦熊	应用智能美食终端，打造一个共享的大数据平台
依霖美业	创效果美容行业标杆，让每一位女性更自信、更幸福
铭车一族	专精服务领先，创汽车后市场智能服务品牌

人生有三大管理：愿景管理、时间管理、心态管理。愿景管理是船的目标和方向，时间管理是船的航线和效率，心态管理是船的燃料和动力。企业也当如此。

奥地利心理学家维克托·弗兰克尔认为："成功和快乐一样，是不能刻意追求的，它的到来必然是水到渠成的，人们只有在追求超越自身利益的理想时，才会意外地收获成功。"

企业的文化系统由三个重要问题构成：

① 我将去哪里？——我想要的将来的愿景或者蓝图；

② 我相信什么？——我的价值观或者原则；

③ 我为什么存在？——我的目标或者使命。

使命代表企业存在的意义和贡献，是企业独特的价值，是名词，更是一个动词。有使命的团队，代表是有了真正的魂。

我在讲课的时候，常感觉淋漓欢畅，演讲内容如水银泻地，快感不胜言喻！听众的笑脸和顿悟是我最大的满足。一个人爱上了自己的工作，就有了事业魂，付出不计回报；一个人深爱着自己的伴侣，就有了家庭魂，投入不计成本。一个人为“小家”则成为小企业家，为“大家”则成为大企业家。领导者焦点利众，众人成全；焦点利己，众人破坏。

根据我多年的企业咨询经验，企业在确定使命时，通常有两大维度：第一是为客户做什么，第二是为员工做什么。

企业就是满足和创造客户的需求，客户需要你干什么、让你成为什么则决定企业的灵魂。所以，每家企业都要考虑自己的灵魂是什么，要通过何种方式来满足客户的需要……

那一天，我寤寐思服，辗转反侧。我叩问自己，创建匠合咨询的使命是什么？脑海中蓦然浮现出改变二字。是的，让改变真正发生！

多年奋斗，我痛心于培训行业无法落地的现状，如何让企业真正发生改变？这是我们一生的课题。第一，培训要工具化，使培训可以传承。第二，工具要咨询化，改变无法量身打造的困境。第三，咨询要软件化，改变咨询无法大量复制的问题。用“三化”的方式，培训顿悟、咨询落地、软件复制，针对性地做出解决方案，并长期陪伴和守护，让企业家真正改变，实现人生和事业的理想。从此，我们心安理得，从容前行。

很多企业的使命有成就客户的维度，但是很遗憾，有个巨大的缺失——没有成就员工的维度！

为何要有成就员工的维度呢？成就客户也许只成就一个人，可感动一个员工后，员工有可能带来十个和百个客户，使企业拥有无限倍增的力量。

企业不是老板的游戏，而是大家共同的平台，凡是追求个人成就的老板必将走向自我毁灭；凡是发愿、起心、动念帮助员工的创业者必将成大业！帮助员工心想事成，您才可以梦想成真！

海底捞是一个神奇的企业，我认识的很多餐饮业老板都把自己的总经理助理送去海底捞“卧底”。为什么海底捞的员工如此有激情，把一个个来自农村的孩子调动得如此充满活力和热血沸腾？他们的人才理念是：“来吧，用双手改变自己的命运。”

匠商学兄郭松涛创建了大资塑料，一直在深思，在企业高速发展中，为什么经营越来越累？曾想股改变革，想不通的是，为什么我要把赚到的钱分给别人？股改这件事看似简单，其实是源于自身格局的打开，源于心灵的极度开放，使命的终极觉醒，这点没有打通，境界没有提升，永远不可能出智慧。

在巨大的思想斗争中，郭总愿意开放自己的股份，分享自己的收益，这就是成功的企业家精神。破除私欲，才能成就王道。

郭总决定把各个分厂进行划小单元核算时，有三句话：

独立核算，自负盈亏，自主经营！

在这个过程中，一开始遇到的挑战是，大家不愿意投钱，不相信怎么办？

让员工投资入股是很困难的，这时，可以买一配二，买一股配两股，买10万配20万股，这20万要给公司付利息，可以享受分红，在一一的思想工作动员下，逐渐有同人愿意投资入股。此时要树立标杆，要公布每个月的经营状况，这个月赚了多少钱？并且本月赚到的钱，当月就可以分红，让大家眼见为实，唤醒大家的动力。

在股改第二年实施时，很多伙伴开始纷纷相信投资入股，这时，要将股权从静态设计变成动态设计。设计维度，有四个非常重要的词：

第一个，有进有出。既然有进入的股东，就会有退出的要求和标准。

第二个，有增有减。股数可以多，也可以少，奋斗者多、懈怠者少。根据级别、根据绩效。

第三个，有大有小。事业经营单元，要根据能力来进行匹配。

第四个，有赚有赔。任何一个划小经营单元，不可能只有赚没有赔，要说清楚，让大家要努力奋斗，做好承担风险的心理准备。

“大资塑料是为了引领世界塑编行业而奋斗的，要把公司做成一个平台，去造福更多的人！”想到大资塑料使命之宏大，不禁泪流满面，向郭总致敬，向企业家致敬，企业家为了理想，要把自己的心拿出来，全部奉献给伙伴们，只有这样，才能真正成就事业，成就天下人。

平安寿险有一句话：“脸上笑起来，腰包鼓起来”；中国人寿的文化内核是双成理念：“成人达己、成己达人”；我们企业的人才主张是：“打造激情成长的事业舞台”……所有这一切，都在告诉员工：“我们在一起，企业是你的！”而相关的研究也发现：员工满意度决定客户忠诚度。

我们匠合为员工的使命是：让伙伴真心圆梦！

教育是培养人才的事业，为中小企业培养更多人才，帮助中小企走出经营困境，系我们的初心。这不仅是一份工作，更是帮助伙伴成长，成就伙伴梦想的舞台。筑梦、追梦、圆梦、续梦，让梦想真正实现。

如果企业规模大一点，还可以从为国家、行业、股东做些什么的角度考虑。

愿景和使命要让企业成员达成共识，管理者必须解决三个关键问题：

① 你希望他们做什么？

② 他们能从中得到什么？

③ 你是否也会和他们一起行动？

小米公司的使命很“嗨”：“我们为发烧而生。”

迪士尼公司的使命寓意深远：“为人们制造快乐。”

三星公司的使命为“产业报国”，就是通过自己的产业报效国家。据说三星的高管没有一个人敢跳槽，因为他们认为谁要跳槽就是背叛整个韩国。

沃尔玛的使命是“让穷人用上富人的东西”。于是沃尔玛的采购部经理采购货物时，公司就跟他说：“你不是在为公司省钱，而是在为穷人省钱；因为公司的使命，就是让穷人用上富人的东西。”因此，沃尔玛在500强企业中长期占据销售额第一名。

分享我们所咨询企业的使命，头脑风暴时，你来我往，思如泉涌，当新的使命诞生，大家不禁击掌欢呼。

公司名	使命
赛兄纳弟	让合作伙伴赚到钱，为用户节省每一分钱
云上装饰	为每一位客户缔造幸福之家 为每一位伙伴打造圆梦舞台
乐物乐屋	为员工修一条通天的路， 成就创业梦想，圆梦幸福人生
辰邦贸易	为员工：打造创业平台，圆梦改变人生 为顾客：极致感动服务，探索四维空间
朝花惜拾	为员工：美丽改变人生，学习改变命运 为顾客：百变定制体验，喜悦全新绽放
齐装网	智能新体验，让装修成为享受
建旗	设计创造美好生活，合作共享圆梦舞台
慧居园	用包装支撑美业品牌的灵魂，用平台实现同人的梦想
依霖美业	帮助员工真心圆梦　尊重顾客身心绽放

2005年，美国两家大公司的掌门人就“企业的目的”进行公开辩论。泉石公司的创始人说，泉石公司的目的是“通过提供高品质、高营养的食品，促进人类的健康和幸福”；而赛克拉丝半导体公司的创始人、CEO罗杰斯特说，“利润是第一位的”。比较两家公司当时的数据就会发现：泉石公司，这个提倡增进人类健康的公司，是财富500强里面业绩最好的食品供售商，27年来创造了巨大的股东价值；相反，赛克拉丝公司，23年累计起来却是亏损的。

我两次为南京桂花鸭做培训。他们的广告词是“谁说金陵带不走”，有意思，千年帝王之都变成了鸭子，把自己整成石头城文化的代名词。我看了他们送我的“文化手册”，古色古香，很雅致、很大气，着实意外，难怪他们与第二名市场占有量的差距是十万八千里！区别在于文化！在于其使命是“兴民族文化，振百年桂花”。在于他们不是在做鸭子，而是做文化，要为国家民族做点事情，要做一个百年的企业。

一个成功的组织愿景能鼓励员工努力工作以获得突破，也能够提供给员工一份希望参与的崇高事业。比如，星巴克的组织愿景不是“供应可口的咖啡”那么平淡无奇，而是“激发和滋养顾客心灵；一个人，一杯咖啡，一片社区，相伴而生”。星巴克的使命宣言是：将星巴克建成全球咖啡行业的翘楚，并在公司不断成长的过程中，坚持自己一贯的业务原则。那一天，我和匠商同学坐在星巴克全球第一家门店，西雅图时值深秋，枫叶如火，夜凉如水，我好奇地问一位门店的员工，为何要在星巴克奋斗，他的回答只有两个字，却发人深省，“人性”！

愿景和使命，这两个名词描述的是一种企业的超我状态。没有希望，人生会如何？必是黯淡和消沉；没有梦想，国家和民族会怎样？必是裹足不前和人尽可欺。同样，没有愿景，企业会怎样？必是走向衰败与灭亡。

坐言起行

您企业的愿景和使命：

______

______

为客户的使命维度：

______

______

为员工的使命维度：

______

______

爱的格言

能使你所爱的人快乐，这是世间最大的幸福，错过这样的幸福是荒唐的。

——罗曼·罗兰　法国思想家

第四节　明道：核心价值观

“价值观”这个词被用得如此之多，以至于如果不是非常必要，我不愿意再谈论它。但如果我想讨论成功者和失败者之间的差别，就必须谈到价值观的问题。世界上差不多每一个大型组织的某一面墙上都会挂有宣明自己的道德观和价值观的标语口号。所以，成功的企业也有这样的口号就不足为奇了。但和一般或者失败的企业不同的是，成功企业不仅仅将价值观停留在口头上，而是真正地重视自己的价值观。他们会对其进行思考，并用它来规范自己的行为。

有一次去企业咨询，门口赫然有标语，上书：“成功、挑战、完美、执行！”总裁介绍这是企业的核心价值观，我深以为然并深怀敬仰。调研的时候，我问一部门经理：咱公司价值观是什么？他摇摇头，说不了解。又问在企业服务几年了？他说没多久，十来年。又问了几位经理，都是一问三不知，终于问到有位仁兄（办公室主任）时，对方脱口而出、对答如流，我忙问他为何如此清楚，这位办公室主任笑答：“我写的！”这不是笑话，是真实的故事。

很多企业——虽然他们不愿承认——只是把价值观当成一种公关手段。拥有自己的价值观有助于提升企业的整体形象。很多企业的领导者只是在企业遭到非议的时候才会搬出企业的价值观，似乎在说：“你看，我们从来不欺骗供应商或者出售有问题的产品，这些都写在我们的价值观宣言中了。”重要的是，我们要衡量这些华丽的语言是否成为我们的行为标准。

事实上，大多数管理者都清楚地认识到拥有好的价值观是一种明智之举，而且大多数人也不会故意欺骗、说谎、偷窃或者做其他一些不光彩的事情。不过，虽然他们会谈论他们的价值观，甚至真诚相信自己的组织在遵守自己的价值观，但是他们很少会对这些价值观进行认真的思考，或者特意地将它们贯彻到每天的活动中。

组织的发展都是由价值观推动的——那么问题是，组织管理者追求什么样的价值观？迪士尼可说是追求快乐的企业，而华为可谓是追求极致的企业，腾讯公司的许多员工则认为腾讯是追求进化的企业。

成功的企业对自己的价值观非常关注。大体而言，成功企业的价值观和那些意图很好却不怎么成功的企业的价值观没有太大的差别。不管是谁，都会告诉你他很看重诚实和公正。然而，成功者会比失败者更加严格地奉行自己的价值观。安然和安达信之所以轰然倒下，完全是因为价值观的崩溃！此外，成功的管理者能非常深刻地认识到价值观在塑造人们的行为。价值观可看作是一种竞争工具，使组织能够更快、更正确地对各种情况做出反应。所以，他们会花大量时间去培养价值观——不仅仅是诚实、公正这类基本的、永恒的价值观，也包括一些具体的、日常性的价值观念，如团队精神、承担风险的勇气、顾客的满意度等。这些或大或小的价值观念对企业目标的实现都能够起到非常积极的作用。

价值观的定义和维度

价值观就是我们的底线，是我们的行动纲领。在人的一生中，价值观指导着我们前行。价值观就是我们的“心智模式”，将决定我们一生的平庸或卓越。比如中国人的“天道酬勤”，日本人的“改善”，美国人的“创新”，这些都潜移默化地改变着我们的人生和行为。

麦肯锡有一个 7S 模型，指出了企业在发展过程中必须全面地考虑各方面的情况，包括结构（Structure）、制度（System）、风格（Style）、员工（Staff）、技能（Skill）、战略（Strategy）、共同价值观（Shared Value）。其中战略、结构和制度被认为是企业成功的硬件，风格、员工、技能和共同价值观被认为是企业成功的软件。价值观在这个模型的最中心！

根据匠合的咨询研究，企业的核心价值观应有三个维度。

1. 和品德品行有关，即人格的力量

为何要和品德品行有关呢？在企业中，有太多关于责任、执行、努力、创新之类的价值体系，可是让我们想象一下，是什么在推动人类进步？是“爱”“奉献”这些伟大的力量，是你在中山陵漫步时迎面而来的两个大字“博爱”！无论是甘地、马丁·路德·金，还是特蕾莎修女，这些伟人，都是因优秀的品德品行成就伟大的事业。

全食超市的创始人说，他想建立一家充满爱而不是让人恐惧的企业。一切

的成就需要安全感！没有人会反对建立一个以信任、慷慨和宽容为价值观的企业。

2. 和态度状态有关，即心态的力量

若干年前，年轻的我拿到《思考致富》，简直如获至宝，手不释卷、目不转睛，一直读到半夜三点才睡觉，那一夜，我的心智被彻底洗礼和改变。还有《激发心灵潜力》这样的好书，使我们相信，我们真的可以借由态度的改变创造属于自己的命运。而在中国的传统文化中，从陆王心学到禅宗的万法由心而生，都强调“心”。心是什么？就是我们的聚焦，我们的感受和注意力，我们的态度。

3. 和共赢合作有关，即聚合的力量

做一切企业都是表象，核心在于团结人之多寡，聚天下英才，共生共和，必有大成。

综上所述，企业核心价值观的三个维度即品德、态度、团队。

下面附一张文化运营咨询中价值观之三大维度的自选自助表：

	维度	举例	我们的核心价值观
核心价值观	品德	爱心、尊重、真善美、诚信、责任、简单、感恩、信守承诺、付出、正直、客户第一、慎独、自尊、善勇、谦和、修身、厚道、中正、中庸、良知、本分	☆
	态度	1. 关于努力认真的态度：努力、用心、认真、敬业、智勤、务实、纪律、执行力	☆
		2. 关于自我超越的态度：荣誉、超越、成长、精进、改善、好学、追求卓越、坚持、效率、战斗力	
		3. 关于积极乐观的态度：激情、永不言败、自信、阳光、光明、喜悦、快乐、欢畅	
	团队	合作、付出、分享、沟通、支持、共识、协同、信任、利他、融汇、喝彩、共好	☆
价值观：是我们评价对错、是非、善恶的标准，是我们的行动纲领			

企业从三大维度中各选一个词为好。为什么是三个？因为两点为线，三点

是面，所谓三生万物，太多了就不太好记了。阿里巴巴的“六脉神剑”很好，可我记了好久还会忘。

分享我们所咨询企业的价值观。我强烈感受到每一家企业创始人对价值观的坚守，都产生了生生不息的动力。

公司名	价值观
赛兄纳弟	赛！兄！纳！弟！ 赛：开拓、创新、进取 兄：正直、担当、榜样 纳：理解、包容、悦纳 弟：谦恭、学习、感恩
乐物乐屋	为爱成就、正念正行 自强不息、激情快乐 日日精进、团队协作
辰邦贸易	团队价值观 感恩责任，客户第一 激情服务，相互喝彩，颠覆创新 管理层价值观 伯乐、胸怀、先公后私，彼此成就
图腾电气	以奋斗者为本、以客户为中心、以品质为生命
吧啦熊	以客为尊、激情担当、学习创新、协同共赢

我们匠合的核心价值观是什么？后文详解。

“回味”是我们咨询的一家连锁餐饮企业，专注于特色美味小吃——粉丝汤，多年苦心默默耕耘，现在去“回味”喝粉丝汤已经成为许多南京老百姓的生活方式，“回味”也有了几十家连锁店。创始人匡总慈悲大爱，早已皈依佛门，她没有车，更没有司机，每天上下班都是走路，饮食亦简单，就是全素食，让浮躁的我们都很汗颜。有日开月度会议，大家谈及一员工能力已不适应企业的现行需求，高层共议要辞退此员工。匡总宅心仁厚，语出惊人：“这名员工既然生存能力弱，那在社会上又如何生存呢？不如让我们企业来负担吧！”众人默然不语，方知境界之差距！这真是一家有爱的企业！

在“回味”的门口，有一个企业文化语录的滚动显示屏，有一天我去的时候，一抬头，见上面写着一首好诗：“日日是好日，时时是好时，事事是好事，人人是好人！”其中最后一句最让我的心彻悟！是啊，爱一切人，恰是疗愈心灵最好的方子！

一切的成就是因为“爱”，爱是不间断的，可拥有的，无论我们身边发生了什么，不管生活如何对待我们，爱就是爱：流动着，自发的，独立的，持续着。爱是神圣的。爱永远存在。只是我们不知道它的存在，或者误解了爱。

所以，“回味”的核心价值观可以被分为如下的“三颗心”：

一是爱心：如进家园，心怀感激

① 感恩家人：孝顺父母、兄友弟恭、睦亲邻里；

② 感恩顾客：阳光热情、付出奉献、追求至善；

③ 感恩伙伴：惜缘分享、温暖温馨、相亲相爱。

二是用心：如进圣殿，心无旁骛

① 用心工作：专心致志、立刻行动、结果导向；

② 用心人生：信守承诺、责任担当、从不抱怨；

③ 用心服务：发自内心、自动自发、创造价值。

三是开心：如进乐园，心怀喜悦

① 开心工作：热爱喜欢、自信自尊、激情活力；

② 开心成长：快乐改变、持续进步、一切如新；

③ 开心生活：乐观积极、心怀希望、微笑大度。

价值观排序

价值观排序就是我们心中的价值观的排名，这直接决定我们的行动策略和方向，以及一生的走向！

人或组织有多种追求，如真、善、美，忠、孝、仁、义，以及是非、对错、好坏，但这些追求因受多种局限常难兼顾，如忠、孝、仁、义之间产生矛盾冲突时怎么办？如何分轻重缓急，做先后排序？此亦价值观之本质！初办企业，找食求生存，别无选择。赚钱后求发展，专精、多元、资本、实体，分岔多、易迷惑，需淡定守本，明晰价值观定位。

有一家研究机构，花了整整 20 年的时间去跟踪 500 家世界排名前列的大企业，发现它们有一个共同的特点，就是一如既往地坚持下面这几种价值观：

① 人的价值高于物的价值；

② 共同价值高于个人价值；

③ 社会价值高于利润价值；

④ 用户价值高于生产价值。

在玫琳凯公司，培训的现场美女云集，个个明眸皓齿，讲课的我目不暇接，很难不分心。身着粉红色套装、美丽而执着的美容顾问的名片上都印着一句话：信念第一、家庭第二、事业第三！

那么在员工、股东、客户、合作伙伴、社会责任这五者中，究竟该如何排序呢？这里面没有绝对标准的答案。一般来说，日资企业，员工排第一位；美资企业，股东排第一位。我们提供过咨询服务的轩日服饰把员工排第一位，客户排第二位，上游供应商排第三位，合作伙伴、社区排第四位，股东排第五位。其实如果前四个做好了，股东自然会有很好的收益。员工是内部客户，客户是外部员工。如果把员工服务好，他们工作开心了，有生产力了，对客户自然有积极影响。

共同的价值观使人们能够生活和工作在一起。这些价值观形成了一种社会意识，没有这种社会意识，我们每个人都将形单影只，彼此对立。即便在商业领域，如果对协议的构建，对交付货物、服务以及支付报酬等没有形成一种共识，交易也是无法进行的。有些领导者，一开始就明白一个道理：在引领和激励员工方面，价值观能起到和一群管理者同样的作用，甚至效果更好。

有一次为舜天集团讲课，舜天足球队的投资人和其集团的副总裁曹女士在课间交流，谈到价值观的排序问题于企业的不同阶段是不一样的，人生也是如此，如年轻时贵在成长，壮年时贵在事业，中年时贵在平衡，现在孩子留学，又发现经济的价值观排名提前了。这一番极具人生穿越的体悟，我深表认同。

很多领导都知道，道德和价值观念是一个社会的基石。摩西将十诫带给以色列人，让他们懂得了上帝的存在以及彼此相处的准则。另外，耶稣、甘地、马丁·路德·金以及《独立宣言》的起草者们，在关注思想的同时也同样明确地表达了各自的价值观。孔子不仅打开了人类共生之大道——仁、义、礼、智、信，也给予了清晰的排序，最高为仁（无条件的爱）；失之以仁，得之以义（朋友之间的爱）；失之以义，得之以礼；智与信次之。

价值观的行业导向

价值观要跟行业特征有关，和行业的竞争力有关。是要聪明还是努力呢？是要客户第一还是用户第一呢？比如IBM公司作为高科技企业，价值观是“THINK（思考）”，代表着创新。只有积极思考改革创新，企业才会有希望。杜邦公司作为化工企业，价值观叫作“安全”，每一年，杜邦公司因注重安全而节省的费用达到10亿美元。不在乎产量，只在乎安全！这就是文化的落地，从招聘到培训到举措，全方位彻底围绕企业的价值体系！

肯德基的价值观中，有一条是“创新”，这就把握了餐饮行业的特质。我们都能体验到去一家因循守旧的餐厅，拿到那个老菜单时绝望的心情。所以你会发现，肯德基在中国有很多创新。有人说猪肉汉堡全世界的肯德基都没有，但在中国有；稀饭，全世界的肯德基都没有，但在中国有；油条，全世界的肯德基都没有，但也是在中国有。正是由于不断创新，肯德基在中国一度全面超越老对手麦当劳。餐饮企业是创新，医院就是患者至上，物流企业就是速度，高科技企业就是创新和思考，化工企业就是安全……也就是说，价值观要与企业类型相匹配。

万科作为地产行业的龙头企业，发现“服务好客户”至关重要，其有一个价值观，叫作“客户是我们永远的伙伴”，解释为“客户是最稀缺的资源，是万科存在的全部理由”。尊重客户，理解客户，持续提供超越客户期望的产品与服务，引导积极健康的生活方式，这是万科一直坚持和倡导的理念。在客户眼中，每一位员工都代表着万科的形象。在南京，我就住在万科的某个小区，小区的门口有一条“飘香路”，每当秋天来临的时候，桂花的香味扑鼻而来，着实有心旷神怡的感觉。小区中间挖了一个一万平方米的湖，叫“美泉湖”，夏季荷花满塘，每当我沿着湖边漫步的时候，我确实感受到他们对物业的用心精神。

一天早晨我和太太在万科门口的一家餐厅吃饭，太太忽然跟我说：“我看到上次帮我们扛大米那个保安了，我帮他把早餐的费用给付了。”原来，有一次家里买了100公斤大米，这位保安帮忙把大米扛到了家里来，累得满头大汗，真的是很用心。

在我家的阳台上堆了很多很多我的书，由于出版社的包销任务，其中有不少《演说的秘密》和《成长的秘密》。太太跟我说，你不能再出书了，因为家里放了很多“秘密”。我从南京举家搬到上海，书如何安置是个很头痛的问题。我们抱着试试看的心情，和万科物业做了一个沟通，不想万科的保安特地找了一个储藏室，来暂时堆放我的书籍。对此，我老泪横流，心怀感激！

万科说：我们百分之一的失误，对客户而言，就是百分之百的损失。我们成功的标准，不在于卖了多少房子，而在于能让客户有多满意。

万通地产的经营宗旨是“守正出奇”，企业理念为“毋忘在莒”。意思就是说，一个人要有危机感，永远不要忘记刚出道时的苦难。

有次去仁恒地产看房子，感觉到其精致和认真，去看房前给每人发了一个头盔。我询问售楼小姐为什么仁恒的房子不错，她答道：“可能是比较用心吧！”后来有一天，偶然打开报纸，赫然看见仁恒的宣传语：“善待土地，用心建造好房子！”

价值观的演变

价值观并不是一成不变的，要根据企业的规模、外部的竞争环境、产业生命周期（创业、成长、成熟、衰退）进行调整，比如IBM公司早年的价值观是“尊重个人、顾客至上、精益求精”。到20世纪80年代郭士纳接手之时，IBM公司已经奄奄一息。因此公司迅速将价值观调整为“力争取胜、快速执行、团队精神”，IBM也随之而涅槃重生。

价值观就像经营思想一样，需要不断地进行验证，当它们失去了生命力或者不再适应企业目标的时候，就要对它们进行革新。

下面举一个我连续咨询六年的案例，让我们对企业价值观的演化有一些深刻的理解。

这家企业的名字叫七色纺，是我非常尊敬的一家企业。从都江堰的一家小店，做到了现在几百家门店，成为中国内衣连锁行业的翘楚。创业者董总身材很单薄，却有着一颗坚毅、勇敢的心。热爱学、读、思、问，一说话神采飞扬，观点明晰，善于思辨，即刻能感受到他的能量场和意志力，我们常常在一起挑灯探讨国学、管理方向，常觉意犹未尽。

我在咨询的过程中，首先打造的就是文化体系，要梳理七色纺的魂究竟是什么。我发现在开新店期间他们经常没日没夜地工作，而董总本人更是率先垂范，于是大家头脑风暴，提出了企业三大价值观，即“勤奋、用心、坚持”。因为勤奋是劳动密集型企业和连锁行业的本质，天道酬勤呀！而用心是服务工作的内核，工作是把事做完，用心才能把事做好。为什么要提坚持呢？很多没有背景、学历不高的小姑娘，迎风而立，不断超越自我，从导购员做到店长，再做到区域经理，需要的恰恰是坚持的精神，世界上最缺坚持到底的人。建立这三大价值观后，七色纺涌现出更多榜样和楷模，以及很多感人的故事，激励着所有员工都往这个方向努力。

现在，七色纺每年的发展速度都很惊人，源于这种精进奋斗的价值体系。

咨询的第二年我们要重新对文化手册做一个优化和梳理，鉴于公司的上市计划，行动要提速，我们将三大价值观做一个调整，改成“目标、勤奋、超越”。不只是用心，而是确定和达成目标，然后超越目标，这才过瘾。这个价值观在外人看来可能觉得是陈词滥调、毫无新意，但是对企业内部员工来说，这就是企业的圣经，是心的呼唤。

在第三版的七色纺企业文化三大价值观中，我们发现，企业在做大的过程中出现了一些官僚主义现象，出现了一些个别的、需要警醒的腐败前兆，此时此刻，对品行的要求尤为突出。根据我们文化价值观咨询手册的品行维度，我们提出了“诚信”这个关键词。由于企业发展快，部门越来越多，沟通不是很顺畅，团队精神至关重要，于是有了“合作”这个关键词，同时保留了“勤奋”这个不变的伟大基因。于是第三版文化手册的三大核心价值观是：勤奋、诚信、合作！

在这个案例中，我们发现企业在成长期、发展期、成熟期，所面临的问题不一样，与之对应的团队价值取向也不一样，绝不能一概而论，必须因时因地而动，做彻底深入的思考和总结。

不知道你对改善、创新、颠覆这三个词的理解如何？日资企业提倡改善，丰田认为“上班一个月没有提出改进工作的方法，就是拿工资的小偷”。今日夏普的液晶显示器之清晰度，让你如置身真实的青青河畔，可是日资企业又为何全线亏损呢？而诺基亚危局的最大根源就是没有跟上智能手机的变革之步伐，没有创新，只有优化。而像苹果、FACEBOOK（“脸书”）这样的企业根本是“颠覆”，以前没有人玩过，这是真牛。

价值观之深度诠释和行为落地

价值观不只是一个词语而已，而是一个无比深刻的洞见，是经历生命的无数历练之后的幡然醒悟。我在初中的时候，成绩“东倒西歪”。有个同学上课时呼呼大睡，可考试成绩却“出神入化”，偶然去他家复习，这哥们在全心全意地看了一会儿书以后，突然说了一番话：“学习不在于时间，在于效率，效率就是学一个小时就拿到一个小时的成果！”这句话对我真是猛然一击，回想以前的我都是一边复习，一边挂念着圣斗士星矢该和我见面了。大多数人把分心作为习惯。从此，“专注”这个词在我的生命中变得鲜活和具体，如一把剑破鞘而出，带我杀出生命的迷雾。成功就是聚焦，注意力减去干扰，所谓如切如磋、如琢如磨。

中专的时候，父亲微醺时和我进行了一次不经意的谈话，谈到了他的一位得意门生，一名不在编制内的民办教师，在高考中发愤图强，走上了大学之路，又在寒暑假时放弃回家，于学校精修，苦练书法，考上了硕士，后又自学了律师，拿到证书，其后自然仕途通达！我弄懂了“学习”这个词的厚重，许多个夜晚的枯坐，台灯下的守候，不久，我从中专考入了大学。

没有深深的理解，就不会有有血有肉的解释，隔靴搔痒、空洞无力的解释不要也罢。只有具有穿透力的解释才会引发强大的行动力。《圣经》对“爱”的解释如下：“爱是恒久忍耐，又有恩慈。爱是不嫉妒。爱是不自夸。不张狂。不做害羞的事。不求自己的益处。不轻易发怒。不计算人的恶。不喜欢不义。只喜欢真理。凡事包容。凡事相信。凡事盼望。凡事忍耐。爱是永不止息。”每一个词语都在叩问我们的心灵，让我们的灵魂得到共鸣和升华。在我们的运营咨询系统里面，我们编写了价值观词典，我亲笔润色，对这些词语作出了相应的、精准的名词解释。希望每一位员工拿到文化手册时，都能够被感动感化，都能热血沸腾、群情激昂！

净雅是一家特别的企业，他们员工的故事会被结集出版，品牌宣传语是“京城美食头等舱”！其企业文化的建设很见功力，核心是“真善美”。净雅的员工守则开篇第一句话，就是源自《道德经》中的一句话，叫“执大象而天下往”。大象就是宇宙的规律，找到了宇宙的规律，就可以去任何地方。净雅编写了很具深度的《文化能力条目》。

《文化能力条目》包括三大块：文化行为标准、文化行为辩证关系和文化实践手段。文化行为标准是企业思想、企业要求的核心体现，是行动指南；文化行为辩证关系是为帮助全员更好地理解企业标准、企业思想，对文化行为标准的补充完善；文化实践手段是为保证文化标准落地的工具和方法。

何为文化行为标准？以关键词“团队氛围敏感度”举例，它的正面和警戒行为方式是什么，要一一列出，便于对照、培训、奖惩。

团队氛围敏感度

定义：将企业文化标准与员工的日常语言、行为等表现进行比对，抓住员工思想瞬间变化进行文化点评，探索团队氛围存在的问题
核心特征： 1. 对违反规定的行为，当天解决并点评，明示标准。 2. 对照其他部门发生的问题及集团下发的通报等，预见性地进行文化点评。 3. 透过员工的眼神、表情、语言、行为等发现和找出员工及部门氛围可能存在的问题并点评
积极行为展现： 1. 站在企业利益的角度与下级或同级沟通利益问题。 2. 结合事件（薪酬、选拔、淘汰、餐具赔偿等），来预见性地发现员工关心的问题并给予文化点评。 3. 对员工反映的企业处理员工利益不当的问题及时反馈企业。 4. 通过数据报表分析团队或组织氛围并进行文化点评。 5. 能领会企业高层会议精神，立即培训、落实
警戒行为展现： 1. 对于绩效考核的结果和组织氛围评价的成绩不分析、不纠正、不点评。 2. 对部门发生的重大事件不上报。 3. 对部门、组织中出现影响互帮互助的行径不闻不问，不追根溯源，不了了之。 4. 见到、听到部门员工发牢骚或做违反员工行为规则的事，不制止，也不进行文化点评

在《文化行为辩证关系》中，净雅列出了关键行为的十五个辩证关系，帮助员工更深刻地理解行为的相似和差异之处，总结得确实有水准，比如“信任与检查；服从、标准意识与创新；执行力与人性化；和而不同与同而不和；人格魅力与老好人；真诚与牢骚、谦虚与虚伪；互帮互助与各司其职”。这里面每一条辩证关系，我看了都深有感触，都值得、都足以开一门培训课，好好讲个一天一夜。

举例：人格魅力与老好人的辩证关系。

人格魅力指一个人在道德品质、性格、气质、能力等方面所展示出来的吸引人、让他人喜爱的力量。在工作中，对于管理者来说，它是指管理者会以企业内部的标准来严格要求自己，树立威信，让员工自觉地以其为榜样要求和约束自己的行为。人格魅力不仅可以使管理者成为大家尊重、喜欢的对象，还可以提高企业凝聚力，使企业良性发展。

老好人是指个性随和、为人厚道，不愿得罪人，甚至是缺乏原则性的人。在企业中，老好人在处理问题时，通常会从人际关系而不是制度的角度考虑，他们会力求避免冲突，甚至不敢用企业的制度、标准去管理。无疑，这种老好人式的管理，对企业的发展是非常不利的。

我 22 岁的时候，在一家 500 强寿险公司任业务经理，从一名业务人员成长为管理者，业务团队接近 100 人。我对大家很好，来迟一点儿也无所谓，不来补个假条也可以，结果有一天早会只来了一半人，我的心情接近绝望。这在当时于我，是一个严峻的考验。而这个行为的背后，恰恰是因为我没有原则和立场，就是一个老好人、滥好人，并且错误地以为领导人是好人就可以了，混淆了人格魅力和老好人之间的区别。

在《文化实践手段》中，净雅列出了十几种实践手段，包括：①全员参与实践手段，如大胆指正、相互鼓励、正反馈、负反馈、投诉等；②管理者文化实践手段，如文化沟通、文化正激励、文化负激励、文化点评会、文化讨论会、批评与自我批评；③文化管理职能部门的实践手段，如文化辅导活动、文化宣传活动、文化培训。

举例：何为“正激励”。

“正激励”指当管理者发现员工有符合公司文化标准的卓越行为表现时，而进行的金额在200元以上的奖励、集团通报表扬等措施，其激励的具体金额依据具体的行为表现由直接上级确定，三级“正激励”需经部门总经理同意方可进行。

明基来自宏碁，宏碁的老板施振荣在创业的时候，提出他的三大精神，即“迎接困难，突破瓶颈，创造价值”。后来宏碁渐入佳境，施先生提出：“再好的戏，看久了，观众也会厌倦！”进而将创新作为主流价值观！

进入21世纪，宏碁对新的企业文化进行了深入反思，他们认为：数字化、简单化、结果导向是企业进行全球整合运营过程中不可抵挡的趋势。否则，企业就会失去统一的评价标准。另外，宏碁所强调的信任和分享机制，可以使其招募到更多的贤才。

后来，施振荣又和李焜耀创建了明基。明基提出四大价值观，第一个叫作“纪律”。一支部队，一个团队，没有纪律是不行的，纪律是立身之本。第二个叫作“效率”，效率是制胜之本。有的人上班8小时，还要加班，加班是可以，但是对于高科技企业来说，天天玩命加班说明效率有问题。记得有次我打电话给明基全球副总裁洪先生，刚寒暄一句，他就提醒我，讲话请简洁。果然是注重效率呀！第三个叫作“战斗力”，战斗力就是活力，能量状态。第四个叫作“执行力”，这是成功之本。此为明基的四大价值观。

从中我们看到在创业期和发展期中，企业价值观的不同要求。

那么，《明基文化手册》中有哪些内容呢？我做了一些研究。

1.“四大精神”定义

《明基文化手册》将“四大精神”（即前文所说的“四大价值观”）都作出了一个准确的定义。解释什么叫纪律，什么叫效率，什么叫战斗力，什么叫执行力。

2. 行为准则

《明基文化手册》列出了行为标准。比如说，效率就是复印纸正面复印了之后，还可以复印反面；坐飞机的时候，不要总是坐头等舱，要坐经济舱。手册把一些理念的东西“嚼碎”了，变成具体的行为操作标准，分享给员工。

3. 自评表

《明基文化手册》要求每个人都要有一个自评表。每一个人自评，自己的纪律可以打几分，自己的效率可以打几分。根据行为标准，上班正常，不迟到不早退，可以打 3 分；起草一份报告，需要一个月完成，结果花了一年，那效率只能打 0 分。对每一个人，要有一个自我评价，有了自我认知，才有改进的方向，这就是我们说的自律的力量。

4. 话与画

《明基文化手册》中还有一些关于公司吉祥物狮子的漫画和故事，很形象、很生动。海尔也曾出过一本书，叫《海尔的话与画》，来突显海尔的文化，被誉为世界首创，因为人们更容易接受图画而不是文字。

5. 具体改进行动方案

《明基文化手册》规定每一个员工都要有一个关于“我自己”的具体改进行动方案。像是一个自我教练的流程，这就是文化落地的具体步骤和体系。

读者可以将同样的逻辑和练习应用到你们自己的价值观体系上。如你们所见，思想、价值观、行为必须是相互支撑的。现在想一想，你们的思想、价值观、行为在日常工作中的联系。

每一个组织都有其文化，而这种文化就是价值观的反映。正确的价值观会指导我们做对的、“贵”的、长远而有意义的事情；错误的价值观只会使企业的目光变得短浅，追求眼前利益，从而阻碍企业自身的发展，最终使企业走向末路。

找准企业最核心的价值观，并将它从口头落到实处，让企业中的每一个人，不管是管理者还是普通员工，都了解它，接受它，并愿意为之奋斗，这是当今中国的企业领导者们最应做的事。

坐言起行

您企业的核心价值观：

品德维度：

态度维度：

团队维度：

您企业的价值观排序：

爱的格言

人生如花，而爱便是花的蜜。

——威廉·莎士比亚

第五节　寻根：企业精神

何为企业精神？就是组织在面对重大事件时，我们持之以恒、一以贯之的态度和信念，通常以过去企业最感人的象征、人物或者事件来命名。

中国最具活力的经济在长三角和珠三角，出商人最多的是浙江，已经成立了“浙商文化研究院”！而浙商文化的核心是四个“千万”精神：“走遍千山万水、说尽千言万语、吃尽千辛万苦、克服千难万险！”这个精神总结得好，一语道破天机，足以让奋斗过的你我泪流满面。

根据我们匠合的咨询研究，企业精神可以从三个角度来诠释。

以图腾或象征定义

这种方法在企业中较为常见，如华为的狼、七色纺的彩虹、格兰仕的大象、联想的大头猴、TCL 的鹰、新东方的蜗牛等。在和企业家碰撞的过程中，大家还提出了许多令我始料未及的答案，如竹子精神、蜜蜂精神、蚂蚁精神、纤夫精神、常春藤精神、水的精神。教学相长之中，也使我们做了深入的梳理和明确的诠释。

在中国的“第一村”华西村的门口，有一座老黄牛的雕像。它体现了华西人艰苦奋斗、默默无闻去奉献和付出的精神。

职场中的动物精神可以这样来诠释：

① 像牧羊犬一样尽职尽责；

② 像蜜蜂一样团结勤奋；

③ 像鲑鱼一样坚忍执着；

④ 像大雁一样精诚合作；

⑤ 像老鹰一样目光敏锐；

⑥ 像大象一样脚踏实地；

⑦ 像骆驼一样忍辱负重；

⑧ 像公鸡一样拥有严谨的时间观念；

⑨ 像海豚一样善解人意。

华方物流的创始人龙亮来看我，胸前佩戴着大雁的蓝色司徽，甚是醒目，其公司精神正是大雁，大雁是怎样建设团队的？大家都见过以 V 字形来编排飞行路线的雁群吧？前方飞行的大雁在扇动翅膀时，就会为飞行在它身后的大雁带来一种托举力，帮助其减少体力消耗。整个雁群会一个一个地将这种托举力传递下去，当领队的大雁疲惫时，会由另一只大雁来代替它充当“先锋”。如此一来，整个雁群的飞行距离便会大大增加，甚至比一只大雁单独飞行增加 71%。

匠合咨询的精神是凤凰。浴火重生，凤凰涅槃。无论东西方的文化，都有一种神鸟，西方的叫菲尼克斯，被誉为火凤凰。火凤凰拥有美丽的羽毛，是鲜红和金黄色的合体。传说中，它是一种不死的神鸟，寿命长达 500 年，黎明来临的时候，就会引吭高歌，连太阳神阿波罗都要停下他的战车，默默地欣赏和聆听。当神鸟预言自己生命达到尽头的时候，将会发光自焚，让熊熊的火焰燃烧自己，然而这并不是结束，而是重生。康德说过：“大自然的火凤凰之所以自焚，就是为了在灰烬中恢复青春，得到永生！”就如宇宙中的恒星，恒星的死亡并不意味着生命的结束，尤其是大质量恒星临死前的壮烈爆发，大量的恒星物质被抛洒到广阔的星际中，正是这些无尽的灰烬，逐渐孕育了新的恒星。这正是我们匠合人精神世界的写照，以目标为导向，以熔炉为环境，迎接挑战，迎来改变和涅槃，迎来重生和无限，每一次挑战，每一次熔炉，正是每一次生命的重生和觉醒。

谨此，特别向我们的咨询老师们致敬。舒老师已经身怀六甲，依然坐飞机去杭州咨询，获得客户非常高的评价。我在成都咨询时，周日舒老师和我们一起咨询，晚间又和商学院同学吃饭相聚，奋斗精神令人肃然起敬。易老师、周老师、于老师、张老师、岳老师都是南征北战，付出良多。我们正年青，我们目标坚定，我们愿意蜕变，我们主动发起挑战，我们拥抱改变和重生！

拳王阿里和弗里德曼有一场世纪大战，双方打到第三回合的最后一个小回合时，彼此都精疲力竭，心里都在想，不能再上场了，再上场就被打死了，拳王阿里让他的教练扔白毛巾，教练问他，“你真的不坚持了吗？”阿里说，“我真的坚持不了了”，就在这一瞬间，对方弗里德曼的教练扔了白毛巾，成功在于最后的一分钟，你的意志力决定胜败。

以人物命名

企业精神也可以用人物来命名，如雷锋精神、王进喜精神。

管理者可以在团队中树立标杆，树立楷模。中国人民解放军、中国共产党有很多楷模，邱少云、董存瑞、刘胡兰、方志敏等，鼓舞了一代代人。我还去过位于重庆铜梁的邱少云纪念馆，看过邱少云同志写给弟弟的亲笔信，拳拳之心，啼血之志。我还去过开封市兰考县的焦裕禄纪念馆，去过淮安市的周总理纪念馆，每一次都是心灵的穿越和洗礼！

在企业中还可以用优秀员工、功勋员工的名字来命名奖项，体现企业精神，因为这是活生生的事例。楷模就是优秀员工的感人事迹，我们要通过优秀员工的感人事迹，去激发共鸣。七色纺有一位员工叫王蓉，是都江堰的店长。这位员工非常敬业，汶川地震时，大楼摇摇欲坠，店里的其他员工都慌忙逃离，附近的门店也早已空无一人，但王蓉在生死攸关之际孤身一人拖了把板凳，泪流满面地坐在店门口看守着企业的财产，这真是用生命来诠释责任感！年底评奖评优时，有一个优秀员工的奖项为“王蓉奖”。这既是对优秀员工的至高至善之肯定，也是对新员工的激励和认同，体现文化之代代传承！

以事件命名

这种方式也很常见，如回味的毛巾精神（创业时夏日炎炎，在店堂内无空调，员工们只能披着毛巾汗流浃背地奋斗），华为的床垫精神，中建八局的大漠精神、南泥湾精神，以及中国人民解放军的塔山精神。

由于工作的原因，我已经做了数百家企业的文化手册，有很多气势如虹、荡气回肠的企业精神在我心中留下深刻印象。以下选择部分企业精神进行分享：

公司名	企业精神
辰邦贸易	海豚 遇见无限可能 （友善，亲切，合作，探索无限可能）
朝花惜拾	蔷薇精神 1. 白蔷薇：纯洁而真诚 2. 红蔷薇：奔放而热情 3. 黄蔷薇：学习而丰盛 4. 紫蔷薇：沉静而自律 5. 粉蔷薇：爱心而互助
图腾电气	骏马精神 特别能吃苦 特别能战斗 特别能奉献 特别能学习
同得兴	莲花精神 止于至善、成长大美
贵利	牛的精神 踏实肯干、坚韧高效、拥抱成果、成已达人
依霖美业	玫瑰精神 白玫瑰：诚正坦荡 黄玫瑰：以客为尊 红玫瑰：专业激情 紫玫瑰：信守承诺 蓝玫瑰：时尚创新
铭车一族	白毛巾精神 工匠之心：怀工匠之心，成大成之作。 精益求精：在施工中高品质要求，持续改善。 细致入微：用一块白毛巾检验时光洁如新，感动于心。 车规服务：牢记汽车工程师的使命，达到原装车的交付标准

武侠小说家中，我较为推崇古龙先生，他写过一部小说，名为《七种武器》。长生剑、孔雀翎、碧玉刀、多情环……林林总总，不一而足。其中最让我印象深刻的，是小马的“拳头”。伸开五指打人，没有多大力度，不会给对方带来

多大伤害，顶到天也就是留下五个指印，那是外伤。攥紧拳头，将分散的个体凝聚成一个整体，集全身气力于一点，一拳击出，石破天惊，挨者非死即伤，这叫内伤。武术高手们靠丹田凝聚内力，而企业靠什么将员工攥成一个拳头？只有精神，企业的精神。

坐言起行

您企业文化中的企业精神：

____

____

爱的格言

爱是生命的火焰，没有它，一切变成黑夜。

——罗曼·罗兰

第六节　心智：思维模式

何为成功的心智

NLP 神经语言学旨在研究人类为何卓越，世界上成功者的信念和思维模式是怎样的。事实上，我们发现卓越是一种信念。文化就是种植信念——遇到挑战时的信念，挫败时的信念，得意时、失意时的信念。比如：“越挑战越快乐！大困难带来大成就！”一个人的卓越性来自正确和丰富的信念。比如：“专注，一切和我无关！注意力就是能量！”

我发现，世界顶尖的运动员都很有个性，比如退出国家队的李娜、退赛和摔拍子的林丹、拒绝参加段位赛的李世石、撕自己衣服的张继科、削发明志的刘国梁、说让对方血溅五步的柯洁。事实上，个性的背后是独特的思维模式、敢想敢干的信念。

信念是一种心灵的归属与寄托，坚定的信念可以使你的人生轨迹与你的梦想慢慢接近于重合，并为你提供不断的力量源泉。信心是对看得见的东西相信，而信念是对看不见的东西也相信，是指导行为的内在驱动力！

是的！你靠什么谋生，我不感兴趣，我只是想知道，你是不是愿意冒险，看起来像个傻瓜似的去冒险；你在哪里学习，学什么，怎么学，我不感兴趣，我只是想知道，当夜深人静，你感到无比的孤独、空虚、迷茫的时候，是什么仍旧在支撑着你，我只是想知道，你是不是可以和自己好好地相处，并喜欢自己。这些都同信念的力量有关。

那一天，我和一家高端女装品牌的董事长紧紧相拥，一个热情的熊抱让我们彼此热泪盈眶。

没有人能够理解一个创业者的痛苦和艰辛，除非你切身去感受。在十几年前，建中学兄从事着服装批发的生意，守着一个档口，传统生意日益衰落，经受着巨大的挑战，他在想何去何从，必须要做大做强。因此，他找到了他的兄弟姐妹，将三家服装企业合并，向品牌化，专业化，规范化的方向去发展。

追求卓越的心智，打造了轩日这个时尚女装品牌。海纳百川的思维方式，开始大胆引进职业经理人，引进高管，走向了职业化、企业化、品牌化之路。后来，这家企业通过另外一家服装品牌企业找到我们，得知原来那家服装企业是我们在进行股权顶层设计和合伙模型的设计，希望我们在企业内部实施股权设计的咨询。

敢于做股权设计和股权激励的咨询，在内部打造共生型组织，这要求企业家必须拥有大爱分享的心智。

一个领导人，必须从内心中有想法，想要与时俱进，想要由小到大，想要由弱到强，想要实施和推动机制的变革，而不是小富即安，而不是裹足不前。思维不变，一切都不会改变。

这个想不想，来自领导人自身的格局，来自领导人的学习力，来自这个领导人对时代的敏感度，来自对未来大战略大梦想的渴望度。

阳明说，人不可以为李杜，人皆可以为尧舜。满街皆是圣人。佛家说，人人可以成佛。每个人的内心都装着真善美，关键是我们如何去激活，如何去唤醒，如何去共鸣，创立企业的目的是让这个世界更美，是让我们的心灵更美，仅此而已，别无其他。

一切成就的源头就是正确的思维模式。错误的思维会带来错误的人生，正确的思维迎来幸福的人生。合众电力的创始人王总，是我们的好朋友和客户，五年从几百万做到逾亿的业绩，靠什么？他在创业时召集骨干开会，告知大家不要想业绩，只想一个问题：“客户来了，工程服务不好怎么办？”这个成功的思维模式决定了今天的成就。把因做好，人在做，天在看；人做了，天会还，客户满意度是成功的光源！

在文化手册中，要有一系列正确的思维模式，如产品观、服务观、销售观、沟通观、财务观、安全观、人才观、问题观等。

模板一：问题观——直面问题，跨越挑战

①理解：问题是机遇，而不是障碍。

②方法：问题是垫脚石，而不是绊脚石，问题的关键是态度，而不是问题本身。只有直面问题，垂直攀登，才能跨越挑战，因为“我”是一切的根源。坚定目标，虚心请教，相互协作，不断努力。

我的一位好朋友曾经有亿万身家，但因投资失误，一夜之间，负债千万，打击之大，常人无法想象，其先生都几欲崩溃，但慌乱之中，她的思维模式挽救了她：“大挑战带来大成就！不解决问题何来东山再起的机会？”这种信念让她涅槃重生，一个一个去和债主谈，挽狂澜于既倒！现在她的生意又见起色，家庭又恢复和谐之态，我亲眼见证她的沧海桑田，被她强大的心智所折服，亦为她的峰回路转而喝彩！

模板二：学习观——终身学习，善于学习

①理解：学习拥有知识、练习拥有能力。

②方法：主动学习、终身学习。学习是一种生活方式，是一种快乐。学习到骨子里、学习到血液里，学习是我们通往优秀的唯一途径。博学而笃志、切问而近思。生命是一个学习的过程。越优秀的人越谦虚，越主动。要善于请教同事和上司，要自修和阅读，要珍惜公司的培训，要不断承担责任、刻意训练自己，在实践中总结和磨炼自己。

长沙的服装连锁企业朝花惜拾，创始人锐意进取，成绩可圈可点。我对他的思维模式很好奇。他说：“企业最强调的就是学习，许多小姑娘刚来时一无所知，甚至缺乏自信，但就是不断地学习和成长，学陈列、学货品、学美装、学信息化、学服务，没有能力，只有学习力！”企业的使命正是：学习改变命运，美丽改变人生！

模板三：财富观——人格财富，无形有形

①理解：树立正确的人生观和财富观，无形财富大于有形财富，人格财富大于物质财富。

②方法：君子爱财，取之有道，通过用心的付出获得收入，绝不因小利丧失自己的人格。勿以善小而不为，勿以恶小而为之。物虽小，勿私藏，苟私藏，亲心伤。身心皆富，内外皆富。

树立浩然正气，声誉和人格就是你的无形财富，以事业为己任，不以企业利益为己有，做一个俯仰无愧于天地的人。

有一次，一个地产企业的董事长打电话给我，反复叮嘱，务必要在文化手册中加入“财富观”！他说：现在房价高举，还有教育和医疗的压力，大家都很急，好几位企业看好的人因为品行问题，倒在企业财务管理制度的高压线下，实在令人痛心之至！究竟是生活所迫还是思维模式的一念之差呢？

一个微弱的念头终会成为你的生活。你播撒什么种子在思想的园地，就会收获怎样的一棵参天大树。求富贵得富贵！求享乐得享乐！求圣贤为圣贤！你在求什么？

文化不是空想，而是软实力。文化即心态，心态定团队；绩效在人，人在心。我非常喜欢和提倡静坐，因为静坐可以改变和改善思维模式。每天早晚各静坐半小时反省自己，可以重建正面的、有价值的信念；可以端正思维模式，让心更大、更高、更远、更细！

中华商帮思维模式

中华近代商业历史中最有名的商帮是晋商和徽商，其核心文化正是“义利合一、经世致用”和“诚信”。徽商的典范胡雪岩以“戒欺”为立身之本。在悠久的历史中，胡庆余堂沉淀了丰富独特的商业文化，其中要数“戒欺”文化最为深入人心。“戒欺”匾额系胡雪岩亲笔所写店训，它告诫属下：“凡贸易均着不得欺字，药业关系性命，尤为万不可欺。”

作为合心合伙的咨询公司，我们一直在思考“诚信”对于企业的重大意义。贵利投资创始人孙总是我们多年的学长和朋友，智慧而敏锐，豁达而健谈。让我好奇的是，他从不送礼公关，却有许多客户纷至沓来，前来托付项目，实在是另类，什么是其成功的关键？正是“诚信”二字！对客户，提前完成工期；对合作伙伴，十年如一日地携手；对员工，从不拖欠一分钱，过年的时候，还提前发放奖金！每年过完年，各家都在愁人手严重不足，而他的员工像候鸟一样找回来！对此我们正心明意，将“诚正”作为企业核心价值观。贵利学长说：我们和供应商、和员工、和客户都是血浓于水的关系，无法分割。就像鱼儿离不开水，瓜儿离不开秧。

请品读我们对“诚正”的解释。

《中庸》说：“至诚无息。”《孟子》说：“诚者天之道也。”《大学》说：“诚意正心。”又说：“修身齐家。”诚是真实无欺，是智慧，是仁爱，是力量，是一切学问道德的根本。《论语》说：“人而无信，不知其可也。”做到至诚至信必定能感化他人，也必能为自己赢得客户。诚正，是我们对职业道德的要求，也是检验企业能否良好运转的试金石。坚持诚正，更会让企业在竞争中处于优势地位，并促进企业长久地可持续发展。

爱的思维模式

清晨六点天还没有亮，我开车赶往机场，见邻居在门口苦等的士无果，想要不要问一下顺路同行，犹豫了瞬间，主动打了招呼，想不到真是去机场，于是一同前往、有说有笑。做件小善行，还认识了一个新朋友！让爱传出去！

安和物业是中国安置房物业服务标杆，物业服务人员有上千人之多。李董事长来上我的咨询课时，我很好奇他们的文化建设。她说公司文化的核心是明德至善、勤业安和，表现为一句誓言：“我爱安和，安和爱我。”她说，这么多年来，她能给予员工最多的、最好的就是爱！

当我们身体不舒服的时候，要挂水；当我们内心不舒服的时候，怎么办呢？挂“爱”！

在北京奥运会期间，强生公司推出了“因爱而生”这一品牌形象。爱成为其外对客户、内对员工的思维模式。

“因爱而生”成了对强生信条的一个非常形象和贴切的浓缩，也成了强生在中国的“文化名片”之一，演化成强生在中国各个运营公司部门间的重要沟通方式。强生希望，无论是在自己员工遇到危机时，还是在面对重大人类灾难时，抑或是在日常的生产、经营过程中，强生人都能够表现出自己负责、关爱的一面。用强生人自己的话说，就是：

强生相信，
在我们的身边，存在着一些巨人，
他们以巨大的爱做细小的事，
让心灵获得慰藉，
让创伤得到安抚，
让人们得到关爱。
强生，以医疗卫生和个人护理的经验和智慧，
与这些巨人并肩，
用爱，推动人与人的关爱。

坐言起行

您企业提倡的思维模式：

爱的格言

爱叫懦夫变得大胆，却叫勇士变成懦夫。

——威廉·莎士比亚

第二章

两套机制定行为

将文化与制度相结合，才能促使企业形成强大的推动力，促使企业不断地奋进与发展。文化是魂，制度是根，使员工明确企业的文化、了解公司的制度，才能使员工的行为向着规范的方向发展。领导人应以身作则，为员工树立起一个好榜样，带领员工一同去体验企业的灵魂！并通过体验强化心智，通过奖罚制度来严明纪律、鞭策员工、充分调动员工工作的积极性。

第一节 机制：文化与制度的完美统一

“一年企业靠运气，十年企业靠经营，百年企业靠文化。”企业要想实现长远发展，就必须有自己的企业文化。具体来说，企业文化应包括以下两个方面内容：一是软文化，也就是思想、价值观文化层面的东西；另一个是硬文化，也就是制度、管理文化层面的东西。对于任何一个企业来说，二者都应该是相辅相成的关系：软性思想和文化可以激励员工充满激情地去创造，硬性制度则可以在行为上约束员工，使员工的一切行为符合企业发展的需要。对于企业来说，只有将这两者密切结合，才能形成一种强大的推动力，助其不断发展壮大。

前者为心法，后者为律法；前者是精神、哲学、理念、思想，管心灵，后者是规范、标准、纪律，管行为！

企业文化，是解决员工想啥的问题；岗位职责和绩效考核，是明确员工做到啥得到啥的问题。前者儒，后者法。

我一直觉得企业家只需要关注三件事：第一，经营员工的精神家园，信仰、思想的高度统一；第二，管理团队的纪律作风，制度规范的令行禁止；第三，领导人才的绩效水准，目标责任的成果彰显！此三者分别为文化、宪政、市场！所以文化决定是否活得久，制度决定是否活得强，人才决定是否活得棒，绩效决定是否活得爽！

我曾和《差距》的作者姜博士有这样一段对话：

姜博士问：“中国企业，学GE法制管理还是学稻盛直觉管理？百年GE，以战略控制闻名于世，其运营管理体系（Operation System）成为多元化成功核心秘密。稻盛和夫，以追问‘出发点’的心态管理成为民营企业家追逐的偶像。有人问：中国民营企业，是走GE的法制管理之路，还是稻盛的良知管理之路？”

我的回答和思考是：“儒法并重才是王道，GE的杰克·韦尔奇对文化是无比尊崇的，甚至讲自己的使命和价值观讲到吐，而且有‘4E’

的价值体系；而稻盛的实学如阿米巴、经营十二条，对财务管控的独特理解，实战性是超强的！总结：两手都要硬！文化是觉醒员工、制度是焕发员工！”

法家文化说了什么

法家分三派，势派、术派、法派。秦孝公变法，推行的就是商鞅的法派，法派强调制度面前人人平等。“治国唯法是从，举国法无二出。”“恶，人之本性。因人性有恶，才有法度。天下人生而好利，才有财货土地之争夺；生而贪欲，才有盗贼暴力与杀戮；生而有奢望，才有声色犬马。人性之恶，必以律法而后正。”只有法律防止恶欲、疏导人性，人性才能向善有序。变法中间千难万险，也因此，秦国开始强大。

制度必须要严谨、科学、合理，必须要有标准化；不能够摇摆，不能够搞弹性，不能搞下不为例。你在一个人身上失去原则，便将在千万人身上失去原则。如果小张迟到可以不算，那么老李就可以，小陈也可以，所以制度是要针对每一个人的。

如何建立制度和行为文化

制度要简单，因为越简单的东西越容易贯彻，很多企业的制度长篇大论，领导都看不下去。刘邦进军咸阳约法三章，我们中国人民解放军有“三大纪律八项注意”。任何组织都要靠制度规范其作风、约束其行为。下面，让我们看看曾国藩整顿湘军的例子。

1985 年，一块经历百余年岁月、记录着历史风云的牌匾展现在世人面前，再现了当时曾国藩所领导的湘军的铁纪军风。牌匾是出自湘军军门成示牌，其正面从右至左依次记载着：“临阵退缩者斩；强奸妇女者斩；骚扰百姓者斩；临阵爱财者斩；妖言惑众者斩。”

清末爆发的太平天国运动，声势浩大，席卷了大半个中国，但当时清朝的八旗军已成一支不堪征战的糜烂之师，失去了起码的战斗能力。晚清重臣曾国藩创立湘军之时继承戚继光募兵不用市人而用乡农的思想，规定“油头滑面，有市井气者，有衙门气者概不收用”，主张选兵“以山乡为上，百技艺者皆可为猎，专挑多力之人”。在湘军的创建过程中，曾国藩始终把严明纪律作为治军的头等大事，规定各种纪律几十条，严禁将士吸食鸦片、赌博及行奸淫之事。

经曾国藩整顿后的湘军，其精神面貌焕然一新，战斗力得到全方位的提升。正因为如此，在清王朝危在旦夕之时，曾国藩带领的湘军才能挽狂澜于既倒，扶大厦之将倾。

《尉缭子》中有言：“号令明，法制审，故能使之前。明赏于前，决罚于后，是以发能中利，动则有功。”

建旗设计院是一家独具文化场的企业，更为关键的是，通过机制建设和系统创新，实现自运行、自激励、自管理。董事长虎梅院长豁达开朗，笑容可掬。建旗人视诚信为人格之本，将仁爱作为人生大道。

仁爱为本

天不生仲尼，万古如长夜，据说在《论语》中，“仁”这个字出现了 105 次。《礼记·大学》中说：“一家仁，一国兴仁；一家让，一国兴让。”儒家正统思想主张“仁爱”，深深影响着一代代华夏儿女。人之初，性本善，仁爱是一种伟大的品质。因为爱人者，人恒爱之；敬人者，人恒敬之。夫仁者，已欲立而立人，已欲达而达人。爱是一个人的本能也是最高尚的特质。仁爱要求我们互相关心和支持、互相信赖和携手。建旗人时刻对社会、对客户、对伙伴心怀仁爱和感恩！

那企业的机制如何建立呢？建旗公司有三大机制：第一是公司层面的机制，如会议机制、晋升机制、考勤和请休假管理机制、人才培养机制、快乐机制等；第二是部门内的机制，如应收应付管理机制、设计质量保障机制、商务洽谈机制、客户管理机制等；第三是部门和部门对接的机制，如项目小组管理机制、各部门对接回复机制等。最妙的是，还有如何生机制的机制。

对行为的奖惩和激活

刘邦之所以能坐拥天下，是因为他“战胜而予人功，得地而予人利”。我看治理企业也是如此，通过一定的物质激励来正面调动员工的积极性是非常重要的。

几乎征服世界的成吉思汗是如何做的呢？财散人聚。每当他打猎时，如果碰到别人打猎，都会把好猎物分给对方，自己留少数。在制胜的战役中，成吉思汗只拿战利品的10%，剩下的由全体人员共享。1206年，大蒙古国成立，4个人分封为万户侯，88个人分封为千户侯。成吉思汗总是先封有功之臣，其后才对家人进行分封。

世界上没有绝对懒惰的人，只有令人懒惰的制度。企业的竞争就是人才的竞争，而人才的竞争就是人力资源政策和游戏规则的竞争。从毛主席的“打土豪，分田地”，到邓小平的“土地包产责任到户”，再到改革开放多种所有制经济的腾飞，活力的背后是游戏规则的制定。

我似乎和“友邦”这个词有缘，先后接触过友邦置业连锁、友邦保险。曾为友邦食品培训，会场遍布新鲜的面包，香气四溢，这课讲得好，需要先吃饱！又知道一个新名词——烘焙界，就是面包行业！与友邦置业的结缘就是因为我为其设计了《营销基本法》——营销团队的晋升考核和薪酬激励管理方案。考核原则：第一，客观公正、多劳多得；第二，鼓励杰出、奖励精英；第三，结果反馈、绩效改进。考核用途为薪酬分配、职务升降、福利分红。

还曾为友邦营销同人制定了两条置业发展路径：一是销售晋升S线路，即见习置业顾问→置业顾问→高级置业顾问→金牌置业顾问→经纪师→高级经纪师；二是M管理晋升线，即储备店长→见习店长→店长→资深店长→见习区经理→区经理→营销总监→分公司总经理→公司股东。

此法一出，团队人才如雨后春笋般诞生，友邦的门店也因此蓬勃发展、数量倍速成长！

惩罚自上而下，奖励自下而上

许多世界500强对员工规范有着非常清晰的制度和游戏规则：两次口头警

告转化为一次书面警告，两次书面警告转化为一次严重警告，两次严重警告就开除了。一次旷工，就是严重警告，两次旷工，就已经到了开除的边缘。

奖励要结构化，在500强企业，奖励至少要有三种。第一种是对合理化建议的奖励，这方面日资企业非常重视。在松下公司，有一年，六万名员工提了上百万条合理化建议，答案在第一线的现场。这代表员工的主人翁精神。第二种是对工龄的奖励，比如阿里巴巴的“五年陈”和“十年陈”员工的戒指奖励。再比如我在海底捞吃饭时，发现员工很有激情，员工说，因为海底捞在店长级有金元宝的奖励，员工满五年奖励五克的金豆豆。这不仅是钱，更体现荣誉，更能激发员工的忠诚度。第三种是对绩效的奖励，鼓励员工在平凡的岗位作出不平凡的贡献。

小结这一节，文化落地对接的员工心理模型应该有三部曲：第一，员工认同；第二，行动；第三，奖赏。用理念和体验让其认同文化，用制度和行为让其行动，用奖励和成果激活文化场！

坐言起行

您企业文化的行为标准如何解释：

爱的格言

爱就是充实了的生命，正如盛满了酒的酒杯。

——罗宾德拉纳特·泰戈尔

第二节　体验：用体验强化心智

我们的人生就是我们体验的总和，红尘即修行。体验是最快进入修炼、最快生发智慧的法门。没有体验，一切皆纸上谈兵。

文化有一个“172 法则”，“1”就是文化要纲领化、手册化、文字化，这占 10% 的比重；“7”就是文化是一种体验，一种植根于工作和生活、耳濡目染、感同身受的行为模式，我们体验到什么，被什么所震撼和影响，才代表我们真正的文化，这占 70% 的比重；“2”就是领导者的以身作则，员工不重你的言，更在乎你的行，身先垂范，自重后达，这占 20% 的比重。

体验是什么？后面的文章中提到的仪式、节日、活动、故事等都是在创造我们身心的体验，当我们全身心地融入其间之时，则文化入心。企业的灵魂就是员工的精神体验，员工的精神体验就是员工的精神活动，管理者的职责就是带领员工拼命体验。

对于管理者来说，倡导好的价值观很重要，但是更关键的是在工作和生活中体现和体验出所倡导的价值观。什么是好的企业文化？听课要坐第一排，让全世界看见你！步伐要加快 1/4，让全世界追随你！握手要稍微用力，让全世界感受到你！你的行为代表你的企业文化。

学国学以来，一直说修炼，可如何修炼呢？都说静坐好，可没有体验之前，全是听说！记得曾在香积寺随师父静坐五分钟已东倒西歪，直到真正体验静坐突破了三十分钟、一个小时终极考验，酸痛至极、满头大汗，这一次，真的学到了！体验很深，瞬间觉得学到！现在每天清晨或晚上静坐半小时，神清气畅，神聚气美，收获：静心、中正、顿悟、精进！宇宙中最难的就是静心。我发现静心的最佳方法，就是数呼吸，从一数到十，数的过程中，思绪早已九霄云外，怎么办呢？再回来吧，重新数！体验正是参悟修炼的不二法门。

我人生最具挑战的体验是什么呢？仔细回想，是十三小时的攀登富士山，还是在澳大利亚三千米跳伞，是西班牙圣地亚哥徒步朝圣，还是戈壁滩的穿越。虽然都很艰难，真正让我泪流满面的，是戈壁！

三天100公里，漫漫黄沙、天地苍穹……

有一位同学曾经是悉尼奥运会的竞走冠军，却因为体力崩溃，临近终点五公里的时候，完全大小便失禁，无法想象她的痛苦和挑战！

有一位同学发高烧，因为她曾经因发高烧而退赛，她不愿意因为高烧再度退赛，在第三天的行程中，遭遇沙尘暴！她连续走了11个小时，她不断地跟队医说："让我再走十分钟！"

徒步的第二天，我的体力也接近极限，想的是一步也不能松懈，系个鞋带也不敢，咬牙坚持，大家相互鼓励，一路喊着口号，竟然取得了当日团队亚军的佳绩。

在荒凉苍茫的戈壁，每一个人遇到的，并不仅仅是天气，并不仅仅是一望无际的长路。每一个人遇到的，是自己的这颗心：一颗求真的心，一颗求胜的心，一颗求爱的心！生命中很多的童话，会在这一瞬间烟消云散，只剩下求生的挣扎，只剩下对彼岸的向往。

无论你坚持什么，无论你想做什么，你为此必须要付出代价！面对选择时的痛苦，我们只有选择面对、选择升华、选择超越，没有任何绝对的公式，唯一的公式，就是让我们的心智一步一步迈向成熟。

那天晚上八点多钟，赶到虹桥机场去接戈壁英雄归来，这次戈壁重走玄奘之路，各大商学院的PK非常惨烈，中欧商学院时隔五年再度夺冠。领队是我同班陈同学，在他接近40岁的时候，感觉体力不支，开始锻炼身体，后经训练成为A队队员，3小时内马拉松的水准，现在成为当之无愧的领队，这本质上也是一种成长型思维。

整个虹桥机场是一片欢乐的海洋，鲜花锦簇，彩幅飘扬。有复旦商学院接机的团队几十人，有中欧商学院团队的接机几十人，还有长江商学院，队列整齐，服装统一，精英云集。

不时响起复旦的校训：旦复旦兮，自强不息。

不时响起中欧的校训：中欧力量，超越梦想。

在焦急的等待中，A队的队友出现，一时间群情激奋，大家欢快合影，献上鲜花，第一次为这么多同学送花，享受了粉丝的感觉。

三年前走过戈壁，仅仅是走，我知道那是多么艰难。如果是跑，如果是竞赛，其强度和残酷更是无以复加。

一群走过戈壁的同学，在这次戈壁挑战赛中，获得生命的救赎和穿越。

每个人都在选择用自己的方式度过自己的一生，选择体验、选择超越、选择延展，拥有生命更丰富的宽度、强度、深度，遇见未知的自己。

毛泽东说：要想知道梨子的滋味，只有亲口尝一尝！而体验就是凡事让自己或员工在亲身经历中得以验证。

坐言起行

您是如何创造企业文化的体验的：

爱的格言

春天没有花，人生没有爱，那还成个什么世界。

——郭沫若　著名文学家

第三节 奖罚：用制度固化行为

世界上最大的力量就是快乐和痛苦的力量，如果没有奖励和惩罚，完全只有教化，就像只有儒家，没有法家，管理已断其一臂，只有儒法并重，才能凸显影响人性的力量。文化为儒、制度为法，文化是魂、制度为根！文化是纲领、信仰、理念，制度是纪律、机制、规范。

卓越是一种行为，成功是一种习惯。只有从理念到行为到习惯，才是真的文化落地。好习惯是宝剑，帮你乘风破浪，坏习惯是脚镣，令你寸步难行！一个人如此，企业中更是如此。2012年，史蒂芬·柯维去世了，坊间无比悲戚，因为大师写出了震惊世界的《高效能人士的七个习惯》。七个习惯为：第一，主动积极的心态；第二，以终为始的目标；第三，要事第一的作风；第四，双赢共创的思维；第五，知彼解己的合作；第六，综合统效的融会；第七，不断更新的自我！最后，还要对好的行为和习惯进行激励。

建立行为方式比“洗脑”更有效

杰克·韦尔奇在《赢》一书中提到，“在最初成为CEO的时候，我对自己所发布的那些含糊不清、意思隐晦的价值观感到相当内疚。例如，1981年，我在年度报告中写道，GE的领导们应该‘面对现实’‘实践卓越’‘建立主人翁意识’。这些陈词滥调听上去是不错的，但是却难以对行动纲领提供具体的描述。看看当前的胜任力素质的定义和描述，内疚的人就不在少数了。”

杰克·韦尔奇对《赢》中的“行为”极力推崇。他说：“相比之下，良好的使命感和价值观可以让你切身感受到它们的实实在在。使命感将指引你往何处前进，而价值观所描述的则是引领你到达目的地的行动。在这里，我甚至宁愿放弃价值观一词，而使用‘行动’来代表它。”“价值观乃是人们的行动，是具体的、本质的、可以明确描述的，它不能留给大家太多的想象空间。大家必须像执行行军命令那样运用它们。”

企业文化虽然可以通过员工使用的语言、象征事物及其意义、企业内部仪式、企业提供的奖励以及获得这些奖励的人（被看作英雄的人）得以反映，但是，最重要的还是建立员工的行为方式。海尔有个员工离开座位时，忘记了把凳子推到座位下面，被扣除了三个月的奖金，这件事让大家一下明白了管理严谨之文化。

伊诚地产 2007 年开始建设企业文化，五年后才逐步体会到文化的好处。企业文化的形成是一个持续的过程，这个过程比较漫长，伊诚用了一个词，叫作“渗透”。人分高手和低手，高手“以心修行”，低手“以行修心”，先有行动，不停地去做，在做的过程中就慢慢悟出了道理，才能下决心改变行为习惯。所以，“渗透”二字更准确一点儿。企业文化的渗透需要有一些强制性措施。伊诚总结了渗透“七化法”，包括考核化、故事化、日记化、讨论化、榜样化、可视化、仪式化。

作为一家百年老店，高盛历经风雨，甚至在 2008 年金融危机中仍岿然不动，秘诀何在？《高盛概览》给了我们明确的答案——“我认为我们成功的关键是文化。”在一百多年的商业实践中，高盛为了让企业文化落地，他们建立了“靶心理论”：层层推动不同目标——宗旨 / 愿景 / 原则→想法 / 情感→行动 / 行为，用近乎强迫的方式让全体员工对这些口号化的使命、价值观、战略、愿景达成共识，形成共同情感，并落实到具体的行动中去。

如此，不难看出，高盛对企业文化的理解已经超出了使命、价值观、战略愿景等简单层面。为此，高盛进行了许多其他方面的建设，甚至细化到如何使员工责任权力对等的责任网，如何实施奖励，如何进行会议管理的 RAMMP 矩阵，如何使用某些特殊工具管理业务项目等。可能有人会说这些具体工具和方法已经不是企业文化层面的东西了，甚至跟企业文化建设没有任何关系。但事实上，如何授权授信、如何奖励、如何开会、如何管理项目等，这些正是企业文化得以实施的载体，这就决定了这些东西必然成为企业文化不可分割的一部分。

企业文化中的五级行为标准

我们在咨询中，绝不满足于只完成文化手册，还必须列出清晰的行为标准。如沟通，千万家企业的理解可能都不尽相同，必须要有行为标准。行为标准有两种列出的方法：第一种是正负面的行为，让员工反躬自省；第二种是不断升级的更高水准的行为，让员工自我参照，为之奋进。行为标准一般是五级，下面举一个我们在咨询中做的有关“沟通”之关键词的五级行为标准。

1. 一级：信任别人，愿意沟通

①有沟通的愿望，能够回应他人发出的沟通信号；

②沟通之前做好沟通提纲，并有针对性地做沟通准备工作；

③认识到合适的肢体语言在沟通中的作用，并能在沟通中有意识地运用。

2. 二级：明确目的，对事不对人

①明确本次沟通的目的和双赢的结果，坦诚，不回避问题。

②不以主观情绪来表达，而是以中立的状态，了解到沟通的意义在于对方的回馈。

③能比较完整地表达自己的意见和想法，使对方能够理解。

3. 三级：准确表达，有效沟通

①肢体：能够在沟通中有效地运用手势、眼神等肢体语言来辅助自己更好地表达。

②聆听：能够耐心倾听他人的观点，了解对方的需要，基本把握他人谈话的主旨。

③效率导向：可轻松可严谨地沟通，了解色彩 4D 沟通思路（我的色彩、对象的色彩），表达言简意赅，具有较强的逻辑性，观点清晰明确。

4. 四级：善于沟通，注重技巧

①同理心：理解对方的心态，能够通过对方的情绪、语调、面部表情等领会潜在含义。

②定位：明确自身的位置，如何有效地对上、对下、平行沟通，发现他人的需要和关注点，根据不同对象采取相应的沟通策略。

③认同：沟通中要善于发现对方的优点，并鼓励对方。

④建议：谈话中给对方建议，并让对方在交流中有收获。

⑤第三方：巧妙地借助第三方或专家来表达自己的意思，并敢于承认错误。

⑥演讲：善于进行公众演说，了解对方的价值观。

5. 五级：灵活沟通，建立机制

①风格：语言风格多元化，运用4D风格沟通，能通过一些语言技巧（如使用故事、比喻、排比等）清晰地表达较为深奥而复杂的观点。

②方式：方式要灵活，如采用电话、便笺、会议、邮件、短信等形式。

③渠道：设计并建立多种有效的沟通渠道，包括上行或下行，并确保其运行通畅。

④系统：在公司中建立正式的双向沟通机制，并监督其运行效果。

巧妙地运用这五级的行为标准，可以使员工在沟通的时候更具魅力，更受同事、领导的欢迎，为自己日后的发展铺平道路。

坐言起行

您企业的机制如何和文化相呼应：

____

____

爱的格言

我是幸福的，因为我爱，因为我有爱。

——勃朗宁　美国枪械设计师

第三章 三种仪式生神圣

中国自古以来，就有仪式的传统，帝王朝拜天地、百姓朝拜列祖列宗，汉武大帝当年的改革首先研究周礼，从建明堂，到修服饰、分车驾，都是仪式的恢复和振兴。仪式是一种敬仰，将我们的内心和神圣连接。当心中充满了信仰，就不再害怕迷茫，不再害怕黑暗。生命的风雨越大，越需要回到“仪式”之中。

第一节　礼节：神圣于心

中国古代有“五礼”之说，祭祀之事为吉礼，冠婚之事为嘉礼，宾客之事为宾礼，军旅之事为军礼，丧葬之事为凶礼。五礼的内容相当广泛。孔子说过“克己复礼”，这个“礼”，即姬旦创立的周礼。周礼内容很多，仅仪式这一部分，就有国王之礼、国君之礼、贵族之礼等。各种礼仪的主持人，周朝时叫儒家，现代则叫司仪。

国学大师钱穆教授认为：天下有两大治理，礼治来自人们的生活，孕育于社会，以自我治理为导向；而法治来自国家，需要中央集权。

仪式第一就体现在人与人之间的问候和礼节之中，中国为礼仪之邦，如何体现友爱尊重，贵在“礼”。生活言行，尽在礼节。在周朝时，有周礼，双掌合十，拇指相锁，像是“八卦图”，又称“八卦礼”。中国春秋战国之时，有“春秋礼”，双掌合拢，拇指跷起，鞠躬。

我很喜欢下围棋，虽然下了三十年，只是业余三段，但棋道之美，令我醉心不已，而日本的围棋更是让人憧憬。主办方往往对艺术抱着一种不可渎的敬畏感，所以会把一切都做得非常完美：一尘不染的对局室、一直坚守的传统仪式、身着华服的棋手等。而许多其他国家的棋手在对局结束后往往是将棋子一扔，就代表棋局结束了，对复盘不是很重视。“仪式感”和“尊崇感”常常被当成衡量一场竞技比赛有无品位的一个标准。外界认为只有具有仪式感和尊崇感的比赛才算庄重，才有看头。即便是在柔道和跆拳道这类凭身体对抗来决定胜负的竞技比赛中，两位选手也会在比赛前、比赛后鞠躬致谢，以表达他们对对手的崇敬，对自己职业的尊崇。棋子虽小，却有丰富的文化内涵，因此棋类比赛被划分为“艺术竞技”比赛。从这个角度讲，它理应比柔道、跆拳道等竞技项目更具文化色彩。日本人把喝茶叫作茶道，把比剑叫作剑道，把插花叫作花道……在这方面，他们无疑做得更好。

事实上，做事的时候，只有把精神融入其中，才能真正做好一件事，才能成为巨匠！以上这些虽然是社会文化背景在比赛中的折射，但不得不说，棋道之传统、棋道之光辉在日本的围棋中得到了完美的展现。

现代高尔夫首先是文化，其次才是运动。高尔夫礼仪和规则的设定，即作为人们自我形象塑造的理想模式：在球场上所展现的风度，诚实、守时、谦让、冒险的精神以及幽默感、处理成功与失败的能力……因此高尔夫已经超越一项运动的存在价值，上升到一种大家所认同的文化形态。

铭车一族，每天早上伙伴们见面时，都要握手并击掌，焕发心情和状态，员工每天的早会都有相亲相爱的仪式，彼此在拥抱中祝福，感受到家人一般的支持和信赖。

在成都的伊藤洋华堂卖场，员工为顾客收银后，都要深深地一鞠躬，在那个瞬间，我的第一反应是惊讶，紧接着是一种被尊重的满足感，同时亦留下难忘的印象。伊藤洋华堂的中国单店年度业绩过十亿元，真强！我们可以不喜欢日本，更需要全面的超越！

我从欧洲回来后，签证要到法国领事馆面销，去到那里的感觉非常不好：门口的门卫头也不抬，挥手让我们出去，大声地呵斥，意思是我们来早了，这份轻蔑让我们很不舒服，如此对待同胞，似乎自己是纯正的法国血统，什么时代，还如此奴媚？多一事不如少一事，我隐忍了下来，过了一会儿，正在排队的时候，突然听到激烈的争吵声，原来是一位团友来迟了，被门卫无礼的表情所激怒，大声说："我是来办事的，不是来受你气的！"我竖起大拇指，为他叫好！

哲人说：衡量一个现代国家的标准，不在于现代设施、巨量财富、奢侈享乐，而在于国民是否具备现代人的心性：以什么方式对待你的人类同伴，是否懂得尊重人，是否以人的方式对待人，是否将人当作人来对待，现代人与野蛮人的界线就在这里。这是"爱"的差距。

坐言起行

您是否重视企业的礼仪建设：

您如何制定企业的礼仪规范：

爱的格言

爱是不会老的，它留着的是永恒的火焰与不灭的光辉，世界的存在，就以它为养料。

——左拉　法国批判现实主义作家

第二节　庆祝：喜悦于心

庆祝使我们学会对生活感恩。每个梦想都值得庆祝，每个有意义的日子都值得庆祝，每个幸福的瞬间都值得庆祝，每一份成功都值得庆祝……庆祝让我们的内心充满喜悦，充满正能量。对于企业来说，庆祝会使企业更加有活力，更具生命力，使企业更加年轻。

生命的美好来自不断地庆祝，但为何而庆祝？对企业来说，可以有新人欢迎庆祝仪式、员工晋升庆祝仪式、庆生会仪式、颁奖和表彰庆祝仪式等。

沃尔玛有十大信条，其中有一条："成功要大肆庆祝，失败不要耿耿于怀！"

生命不是因为美好而庆祝，而是因为庆祝而美好！漫漫人生路，负重前行，太需要庆祝了。

中国人寿的营销团队会在职场列队，来欢迎新伙伴，还会为新进的伙伴唱一首《欢迎歌》，歌词是这样的："真正高兴地见到你，满心欢喜地欢迎你，欢迎，欢迎，我们欢迎你！"新员工会感到很温暖，能立刻融入这个大家庭，即使不会喜极而泣，也会满心欢喜！

生命中什么日子最重要？对于我们每一个人来说，就是自己的生日。在很多优秀企业，每个月都会举办"庆生会"，会让本月所有过生日的员工去旅游一天。这个喜乐的过程中，大家发自内心地笑，有贺卡、有蛋糕，再将旅途中的照片贴上公司的文化墙，分享给全体的伙伴。这不仅给了员工家的温暖，也使整个团队的凝聚力得到提升，从而使员工们全心全意地为企业工作，为企业奉献自己的力量。

对于优秀员工的表彰，一定要通过公开的仪式来体现庄严和神圣，让员工内心有深深地被尊重、被需要的感觉。我曾去奇正藏药讲课，其销售团队非常火爆和活跃，让我印象很深的就是其销售英雄的颁奖仪式，大幅的易拉宝照片、激荡人心的音乐、精心设计的流程，让获奖的同人无比激动和兴奋。

我所咨询的企业——图腾电力，每次开工都会有奠基仪式，总经理说，其他的事都可以推掉，但这件事一定要亲自参与、亲自见证、亲自守护。

每次参与大型活动，如有晚宴请我致辞，我一定会请大家全体起立，共同举杯，共同干杯，这一瞬间，大厅里满堂流光溢彩，人人春风拂面。

我们要去投资一家同学的公司，当时资金已经到位，当晚上大家欢庆聚会的时候，总觉得缺少了什么，后来同学们提议，还缺少一个项目签约仪式，真是个准确的合理化建议。于是在酒桌畔，搭了一张小桌，铺了一块红布，弄了一个合约，双方选派代表签约，这一下，闪光灯“啪啪”地亮起，欢声笑语变得无比的自然，应了一个词叫“顺理成章”。似乎没有仪式的庆祝，不符合天道，亦不符合常理。

庆祝是能够让员工感受到幸福的一种方式；庆祝使这一天值得铭记与怀念；庆祝可以带给员工巨大的精神能量，并激励他们发奋图强，更加努力地去工作。不管怎样，庆祝是一种奖励，它代表着一种肯定。

坐言起行

您的企业是否经常举办庆祝活动：

爱的格言

只有爱给你解开不死之谜。

——路德维希·安德列斯·费尔巴哈　德国哲学家

第三节　朝拜：降服于心

中国自古以来，就有朝拜的传统，帝王朝拜天地、百姓朝拜列祖列宗。汉武大帝当年改革，首先研究周礼，从建明堂，到修服饰、分车驾，都是仪式的恢复和振兴。我们咨询过的很多企业，都会在公司一楼大堂，放上顾客的照片和案例，表示深深的敬重和感恩。

朝拜是一种敬仰，将我们的内心和神圣连接。当心中充满了信仰，就不再害怕迷茫，不再害怕黑暗。在漫漫人生旅途中，你可能会迷路，但信仰会为你指明道路，帮助你找到正确的方向。它是一股强大的能量，甚至你的所思、所想、所为，都是围绕着它来转动的。而朝拜是信仰的外在体现，我们朝拜什么，就意味着我们相信什么！仪式是虔诚的，内心是敬畏的，我们明白了生命中什么是我们唯一的追求，当下之中，定心、明心、发心。

1. 天道——朝拜天

古人都要祭天，天是天道的象征，意味着我们对宇宙自然的敬畏之心。在企业中，我们的天就是顾客，拜顾客宣誓仪式，是表示对顾客要有一种深深的敬意，绝不可开顾客的玩笑。如此，我们对顾客的态度会在不知不觉中变好，形成水乳交融的感觉。

2. 师道——对老师

在企业中，优秀员工、杰出员工就是我们的老师，对他们要有一种深深的敬意。通过对优秀员工、杰出员工的尊重，有利于建立健康、和谐、温暖的工作环境，使企业更具人性化、更有爱，从而使这些优秀员工愿意留下来，并成为企业的长期合作伙伴。

在匠合，企业每个月号召全体员工对优秀员工学习并感恩，起身鞠躬，因为优秀员工养活了企业，间接照顾了其他员工的妻儿老小。

3. 孝道——对老员工

中华民族向来遵循孝道，有《孝经》《弟子规》等。对父母的孝顺是天经地义的，古人有“昏定晨省”之说，即早晚都要向父母请安，世世代代如此，让爱一代代地传下去。

企业之中的孝道就是对公司的老员工要有发自内心的尊重，不能排斥老员工。中国很多企业家盲目相信“空降兵”，结果损失惨重。“好人才一定是自己地里长出来的，不是天上掉下来的”，因为文化的适应性对于很多职业经理人是巨大的考验。另外，对于人才来说，我们第一需要的是忠诚度，第二才是能力。

很多大企业对于跳槽员工的使用都很慎重，并且会将入职十年以上的老员工照片挂在墙上，实现他们被尊重的渴望。这方面日资企业做得很好，非常有伦理意识，有“年功序列奖”，所以员工在一家企业工作二三十年是很正常的。

企业要想有长久的、良好的发展，就一定要做到尊重老员工，不能视新员工为东升的太阳，而将老员工视为西下的落日。企业有这样的成绩，和老员工以往的贡献是分不开的。我们总有一天也会变老，希望企业可以有一个很好的认识，能够提高觉悟，尊重老员工，并完善关于老员工方面的制度，因为善待老员工就是善待明天的自己。

坐言起行

您的企业建立团结文化和情谊的现有仪式和机制是否有限：

____

____

您是否找到了增强成员归属感的方法：

____

____

爱的格言

有了真诚，才会有虚心，有了虚心，才肯丢开自己去了解别人，也才能放下虚伪的自尊心去了解自己。建筑在了解自己、了解别人上面的爱，才不是盲目的爱。

——傅雷　著名翻译家、文艺评论家

第四章 四种力量传精神

宣传的力量是可以地动山摇的，舆论即喉舌，一个企业员工的心智模式是如何形成的，在于环境和氛围，而环境重在宣传，如果员工天天抱怨，传播消极言论，则企业完矣。阅读使人宽广，写作使人精准，宣传好则胜过百万雄兵！宣传有两种，一种对客户，是对外的品牌和文化，让客户留下深刻的印象，第二是对员工，穿透员工的心灵，引起员工内心的共鸣！

第一节　内刊：传递企业的声音

企业的内刊，是企业内部的一份刊物，是企业文化的物质载体，是企业文化的外化，也是企业重要核心思想的传播渠道。由于工作的原因，经常出差的我住过很多酒店，旅途中是需要读书的，根据欧阳修的理论，读书要在“三上”：“枕上、马上、厕上”。住进酒店，上洗手间时也要读书，没书读就会很痛苦，于是拿一本酒店的内刊好好品鉴，是个还不错的选择！似乎是偶然，也是规律，有内刊的酒店服务都不错，服务人员很贴心热情，值得我心甘情愿地付小费。其实有内刊代表这家企业重视文化的建设和播种。

内刊是具有中国特色的一种产物，它的产生同民营企业的发展有密切的联系。当时一些民营企业是想通过内刊向公众发出自己的声音，为自己打造一个良好的平台，从而可以更好地发展经济。久而久之，内刊便应运而生。

我们的荣誉比生命更宝贵！那如何在企业中体现员工荣誉感呢？我总结了以下三点供企业家借鉴：

① 挂出来，如优秀员工照片、元老之照片，有人说，人的终极梦想就是“被挂在墙上”；

② 刻出来，奖牌、奖章、奖杯，一件物品被刻上文字赋予意义，将令人终生铭记；

③ 写出来，如人物报道、传记故事，文字具有神奇的、可传承的力量！

第三点尤为重要，横可复制，竖可传代。刊物所传达的不仅是知识、理念，更是持久的动力和不渝的信念。

阅读使人宽广，写作使人精准。一篇好文，可抵百万雄师。中国的内刊就是《人民日报》，比如“我们要 GDP，但是我们不要流血的 GDP”，真知灼见，字字千金，《人民日报》代表我们国家主流的思想，对民心的治理极具价值。

在企业界，国内比较出名的内刊有：《万科》《四通人》《联想》《沟通》《万通》《新南方》《三木信息》《实达》《宝安风》等。凡是一些知名、正规一点儿的企业都有自己的刊物，刊物已经成为象征企业文化水平的一个重要标志。

“发出自己的声音”是企业内刊变得火暴的重要原因之一。众所周知，华为是非常低调的，但华为却会通过发表内刊来对外发出自己的声音。也正是因为华为对外发出自己的声音，才让外界对华为有了更多的了解。任正非的《天道酬勤》《华为的冬天》等内部谈话与文章也被载入华为的内刊当中，从而被外界媒体广泛转载。华为有三个官方报刊：《管理优化》报、《华为人》报和《华为技术》报。

我们为七色坊做的内刊是《七色阳光》，副标题就是“大熔炉、大学校、大舞台”，开篇就是企业董事长的“卷首语”，成为文化的传承高地。还特别做了一个通讯社，就是要发动群众写自己的故事。版面上还有小的知识抢答，让阅读者和编辑部互动和链接。

万科有两种内刊，一种是给顾客看的，叫《万客会》，一种是给员工看的。万科做的内刊水平相当高，非常的专业，纸张和纸质也非常好，里面的文章，洋溢着浓郁的万科文化，体现了拳拳自豪感。

华润苏果的内刊，办得很好，每次卷首都有其创始人马家梁先生的卷首语，有回忆往昔、有经营纲领，感性真情款款、理性全面逻辑。

海尔有一本书，叫《海尔人的话与画》。日本有一个教授说，“全世界用漫画传递企业文化的，海尔是首创”。其实他只知其一不知其二，因为张瑞敏先生的偶像是毛泽东，毛泽东就是用漫画做文化宣传的。例如多年以前，在解放区的墙上就有这样的漫画：一个人，背着一个大的包袱，上面是“家乡主义”，意思是不愿意走出家乡，结果满头大汗，步履沉重；另外一个人身上没有包袱，步履轻快。

内刊上究竟登什么内容好？我总结了三个“看见”。

①看见自己。即自己的照片、自己的荣誉、自己的文章、自己身边人的故事，每个人都关心的人是自己。

②看见方向。员工应该有两个方向，其一是优秀员工，其二是资深员工。

也就是要宣导和刊登两类优秀员工的照片和故事，一类是干得好的，另一类是干得久的。

③ 看见理念。要不断刊登和企业核心理念相关的故事和案例，让员工牢记并融入企业的纲领和价值体系中。

企业内刊对于提升企业的文化内涵和经济效益起着不可忽视的积极作用。所以，企业应该利用好自己的刊物，明确内刊的定位，完善内刊的管理制度，提高稿件的质量，使内刊在最大程度上发挥它的作用。

坐言起行

您的企业是否发行内刊？内刊名是什么？

____

____

您企业的内刊能否真实传递自己的声音？

____

____

爱的格言

爱是人生的本性，就像太阳要放射光芒；它是人类灵魂最惬意、最自然的受用；没有它，人就蒙昧而可悲。没有享受过其欢乐的人，无异于白活一辈子，空受煎熬。

——汤姆斯·特拉赫恩　英国作家及玄学派诗人

第二节　文章：引发共鸣

文章好胜过百万雄兵！文章有两种，一种写给客户看，是对外的品牌和文化形象，给人留下深刻的印象，另一种是写给员工看，穿透员工的心灵，引起彻底的共鸣！

第一种文章可以是软文，越短的越有冲击力，变成一句话品牌宣传语，就能令人一辈子忘不了，比如“桂林山水甲天下”“黄山归来不看岳”“上有天堂下有苏杭”，这些话已世世代代地改变了这些地区的命运，那企业的命运呢？急需要一句印在客户心中的话来改变。

有一次，一位花店老板来上课，我问她有宣传语吗，她摇摇头。好，我送了她一句话，花不是目的，爱才是目的！于是宣传语为：“我不是鲜花，我是爱！”有位助听器企业的老板来听课，我问他有宣传语吗，他说没有，同行的世界品牌都有，什么“知其道、用其妙”“聆听大自然的声音”等，助听器是孩子们买来孝顺父母的，或者是父母买来关爱孩子的，这其实是一份爱呀，于是我们的一句话宣传语为：“爱可以听得见！”他好释然，满心满脸的笑，是啊，是爱让一切听得见！一下对接上了，妙！有位亲子摄影企业的老板来上课，我们为其提供的一句话宣传语是：“倾城之美、为爱绽放！”摄影不是目的，爱的回忆、喜悦、升华才是目的！现在你明白，只要你找我做宣传语，一定和爱有关！这是宇宙的源头！

第二种文章可以是书信的形式。在这方面，中国高手很多，格兰仕老板老梁年年岁末为员工写信，如《艰难困苦我们一起过》。

中国企业界最会做企业文化宣传的，还有华为的任正非先生，他无疑是做文章的高手，真乃精神教父，写过一篇和本书很贴近的文章——《只有文化才能生生不息》。他以深刻的人生阅历，成就了一篇篇涤荡心灵的文章——《我的父亲母亲》属水，感人至深；《天道酬勤》《北国之春》属金，力道非凡；《艰苦奋斗》《批评和自我批评》属土，逻辑严谨，发人深省。可谓篇篇动情、字字穿心！吾甚为尊敬！

任先生的文章直指人心，他说：

① 要自我批评，因为只有不要脸的人才能成功；

② 一切是为了活下去，物质必将枯竭，只有精神生生不息；

③ 干部要能上能下，烧不死的鸟是凤凰；

④ 正是人才的浪费支撑了我们的高速发展；

⑤ 用物质文明来巩固精神文明。

我们会为来匠合的新伙伴写一份以心相交的信，信的名字是《匠心圆梦》。

欢迎你进入匠合这个大家庭，共度生命中这美好的职业生涯时光。

人世间有无数次美好的邂逅，我们的相遇，注定是为了相互成就，相互托起。

匠合是一家致力于守护中小企业梦想，让学习真正落地，让改变真正发生的培训咨询企业。

想要守护我们的客户，首先要关爱我们的伙伴，在匠合，我们不说员工这个词，只说伙伴和同人，志同道合，共成伟业！

关爱的本质，是营造一个好环境，一个可以成就未来的道场；一个可以强大能力的圣殿；一个追梦圆梦的舞台！

为此，我们在管理上注重两化，“流程化和标准化”，做事流程化，流程标准化。

我们要在产品上追求三化：科学化、工具化、信息化。以此来为中小企业解决实战性的问题，用科学来传承、用工具来复制、用软件来信息化！

任何一个公司强大的核心是一支招之即来，来之能战，战之必胜的团队，是一支有灵魂，有血性，有本事的团队。

团队的第一基础就是制度和纪律。为什么部队出人才？因为有纪律！你要成为纪律的典范，甚至成为纪律的楷模和标杆。制度只是基本标准，是他律，真正的高手是自律，是为自己的梦想而战！记得我的第一份工作是沿街叫卖的推销员，开完早会，所有的时间都是自己的，我骑着自行车起早贪黑，在拒绝和磨难中成长着自己的心灵，在万家灯火中孤独地追逐着自己的梦想，虽然辛劳，但是内心充实饱满。现在回想起来，还是会感动得泪流满面。

在他律和自律的过程中，我们不断要求自己，不断成长自己，你会变得更加强大。这个世界上有两种人，一种受过严格训练的人，一种是没有受过训练的人。要想获胜，只有接受严格的训练，才能够在残酷的拳击台上，击倒对手；才够在严峻的市场竞争中活下去。

组织的文明必须要高于社会的生态文明！组织的存在，必须是协作效率高于社会的效率，这个组织才有存在的可能性和意义。

因此，我们必须保证团队在一起协作的时候，产生指数增长效应，我们的团队才能生生不息，基业长青！

在阿里巴巴，有阿里铁军；在华为，有青春播洒世界的华为人。我们要学习伟大企业的成功基因，形成我们自己独特的基因，成为热血铸魂的匠合人。

匠合人，我们有三大标准！

第一，我们要说真话，做真人，办真事。做一个有人格力、有诚信力、有良知的人，俯仰无愧于天地！

第二：要有积极主动的态度，极强的纪律性，以制度、流程和标准为导向，作风硬朗，力拔千钧！

第三，我们要有本事，要有成长型思维，要不断在自己业务上钻研。

故此，我们的人才标准是：有正直的人格力、有强大的工作作风、有持续精进工作的本事。

当你阅读这本员工手册的时候，一定是你迈向卓越的开始！相信因为你的加入，我们的公司会更加熠熠生辉，今日你以公司为荣，明日公司以你为傲。

古语有云：治国之道通于弈术，上者伐心，中者伐智，下者伐勇。治国如此，经营企业也是一样。上者伐心，而文章自古便是攻心利器！

坐言起行

您企业的软文能否引发客户共鸣？

您是否尝试过给员工写信？效果如何？

爱的格言

因为受到了爱，认识了爱，才知道把爱分给别人，才想对自己以外的人做一些事情。把我和这个社会连起来的也正是这个爱字，这是我的全性格的根底。

——巴金　中国现当代文学家

第三节　环境：营造人心

人有时会被环境融化，基督教徒置身于教堂中，目睹钉在十字架上的耶稣，内心已经被教化。场就是小宇宙，场的震慑力无穷。

我在研修NLP(神经语言学)时，和“NLP之母”朱迪(美国NLP学院创始人)交流。朱迪年近七旬，人却非常通透，眼神非常清澈和灵动。同学们评价，这是一个活着的大师。她告诉我：人有三个脑，大脑、身脑、场域脑。现代心理学的研究发现心脏和腹部的结构之复杂程度绝不逊于大脑的结构，这是身脑，身脑的能量是大脑能量的120倍左右，而连接无限能量的是场域脑。

在欧洲，我发现参观者最多的是教堂。世界上最小的国家——梵蒂冈，拥有着世界上最大的圣彼得大教堂。高耸入云的大理石柱，无比伟岸，当我在惊叹这个建筑的奇迹时，被导游讲解打断了，因为这座建筑盖了整整120年，重要的是，是什么精神的力量支撑着这个故事能够延续120年？也许就是场的力量吧。

在欧洲一些城镇，你会发现家家户户的阳台上都摆满了鲜花，五颜六色、花团锦簇，让你顿感生活之清新美好，生命如此多娇。人要学会营造生活的幸福场。

北京的链家地产在卖房子时，先在客厅放上一束鲜花，这房子立刻有了生气，场域发生改变。高，难怪有一年过十亿的业绩。会造场者才会脱颖而出。

我们要思考营造什么样的企业的硬件和软件环境。为什么在银行门前要放威严的石狮子？为什么要在企业中张贴标语？这都是在造一个文化场，任何伟大的能量都无法自身引爆。

轩日集团将“厚德诚信、开拓务实、客户至上”作为企业的价值观。创始人周总敦厚朴实，拥有温和的微笑，热情的状态，说话简洁有力，让我一见如故。其公司业绩不是年年增长，而是月月增长，团队热情高涨，是何原因呢？我去参观了他的公司，在公司的书柜上都贴着文化誓言：“一个人没有激情和热情是很难成功的，激情和热情是什么？就是一个人对工作高度责任感的体现！”很多警句标语赫然在目、映入心田，如：“做人晶莹剔透，做事水滴石穿！”“世界上只有三种人：投入者、参与者、旁观者！”“一个人的成就决定于他的自我心像！”这使我明白了，这是一个以员工心智优化为动力源的企业，一个以建设文化场来熏陶员工心灵的企业，场域的力量是无穷的！决定员工业绩的，不是基因，而是环境！

觅童摄影从事婚礼摄影多年，对这家企业而言，业务已不是简单的摄影，而是实现“爱家的文化”，实现客户人生的升华，记录生命中流光溢彩的感动、家族爱的记忆！

可是如何让客户感受到呢？创始人决定在当地最高的建筑中为企业打造一个奇妙的“爱巢”。企业环境只有一个主题——“爱”，每个客户走进去都能体会爱的暖流和悸动！有丘比特的像，有连心锁，有各种各样的爱心。这一瞬，身临其境，终身莫忘，沉醉不知何处，自然效果出奇的好！

坐言起行

您如何营造企业的硬件环境？

您如何营造企业的软件环境？

爱的格言

不爱任何人的人，据我看是也不能为任何人所爱的。

——德谟克利特　古希腊哲学家

第四节　礼物：让奖赏变得更有意义

用一些礼物代表企业的精神，是很有味道的一件事，因为礼物真实、看得见、摸得着。礼物也可以不仅是礼物，而是对员工为企业“抛头颅、洒热血”的充分肯定与感激之情。在心理学中，这样的礼物被称为心锚、心灵的扳机！

在联想公司，员工入职会发放卡通水杯，体现温馨快乐的职场氛围。在玫琳凯，优秀员工会收到“大黄蜂别针”，意味着勇敢飞翔的大黄蜂精神。在惠普，员工工作十年会收获价值十美元的公司股票，意味着你是企业的主人，利益共享。在匠合，会有铜质和银质的“凤凰奖章”，上面写着“一切以成果为导向”。

在百胜集团的内部，其CEO以认同鼓励和积极进取而闻名，这主要归功于其用独特的方式赞许他人的表现。也就是说，如果你想要用认同、鼓励来奖励员工、激励员工，那你就必须让认同和鼓励这些东西发挥出比其他奖励方式更大的价值。

如今，在世界范围内，无论是哪个地区的百胜公司，其公司的领导人都拥有专属于他们自己的奖品。在迪拜，百胜公司的总经理会为优秀员工颁发骆驼奖杯，以表彰他们像骆驼一样坚忍不拔、持之以恒的精神。除此之外，对于财务部的优秀员工，财务总监会颁发“秀出财富奖”——一个装有玩具钞票的透明储蓄罐和一张《甜心先生》电影的光盘，因为正是受到这部电影的启发，才有了这个奖项的名称；而营建部门负责人则会根据本部门的特点以授予“铁锹奖”的方式来激励本部门的员工……

事实上，这些个性化的奖励方式，不仅妙趣横生，而且对于员工来说更具意义，更能起到表扬和激励他们的作用。

我曾在中国人寿保险公司服务过五年以上。每到新春佳节，公司会为业绩好的同人挂上一盏灯笼，上面写着他的大名。那太令人激动了，世界上最重要的词语应该是我们自己的名字。家里还有许多公司颁发的奖品，最难忘的是一枚纯金打造的司徽，那意味着荣誉！还有一枚银质奖章，奖励五年工龄，上面写着："热血铸就青春！岁月谱写忠魂！"经年以后，在柜子里偶然发现这枚奖章，打开锦盒，再拿起这枚奖章，触手之时，木然当场，心绪翻涌！想起了辛弃疾那令人柔肠寸断的词句："醉里挑灯看剑，梦回吹角连营！"

我们在合伙节上，会为企业家颁一个美丽的奖，一枚象征企业家精神的凤凰胸针。胸针由纯银打造，灿烂多彩的景泰蓝工艺让大家非常喜爱。许多人甚至要我亲手为他们佩戴上。

有的时候，礼物不需要贵重，更需要的是有爱，哪怕是一张嘉许的小纸条。杰克·韦尔奇先生就有为员工写纸条来表达欣赏和爱的习惯，这已经融入 GE 的文化中。我也曾收到过很多张纸条，有一张最为难忘。经年前，我在聚成公司任讲师，公司在长沙做了一场高峰讲师论坛，其中有一场演讲 PK（对决），高手云集，别开生面，心情想淡定真不易。鉴于我多年参赛经验，想淡定就要无欲无求，放下才能放飞，出乎意料的是，最后我拿到了冠军，那一瞬间，只记得全场的沸腾和燃烧，耳畔震耳欲聋的欢呼化为一生的激情。最可贵的是，总裁写了一张便笺予我，笔迹大气从容，内容分为两部分：一是肯定，言及我的语气起承转合、渐入佳境，认为我未来会成为大师，这自是我莫大的动力；二是指出我在演讲中做的不够好的地方，如表情过于严肃等。这张轻如鸿毛的纸条我一直珍藏，于我心中，贵重胜过无数奖杯。

坐言起行

您曾经向员工送过礼物吗？都有哪些？

____

____

您送给员工的礼物，起到了哪些效果？

____

____

爱的格言

没有太阳，花朵不会开放；没有爱，便没有幸福；没有妇女，也就没有爱；没有母亲，既不会有诗人，也不会有英雄。

——高尔基　俄国现实主义文学奠基人

第五章

五方活动聚能量

活动是团队融洽、和谐的黏合剂。回顾我们的生命中，难忘的都是一个个活动。生命如此平淡，我们需要更多的活动来使它变得丰富多彩。感受红尘才能消化红尘，活动的体验是最快融入心灵的法门！我们通过活动，让灵魂深入孵化。时间长了，慢慢会形成一种神圣感。老板是以悟修行，员工是以行修悟。

第一节　喜悦：快乐活动

生命的意义在于情绪，人类可以花无数金钱，只为了一个目的——找到快乐。工作不是一场苦役，而是一场快乐的自我绽放。

为什么《1942》的票房敌不过《人在囧途之泰囧》？后者一度成为中国本土电影票房第一名，就是由于快乐，淋漓尽致的快乐，没道理，直奔快乐。正如李锦记老板每天问员工的问题："今天你过得爽吗？"

在沃尔玛，有欢呼文化，"给我一个 W"。在中国人寿、平安保险，有早会文化，早晨都要载歌载舞，这种方式也迅速延伸到美容美发业，我们常常发现路边美容美发店门口，都有着跳舞或做操的团队。在万科过去的尾牙年会中，王石会反串跳草裙舞。

淑英兄是我多年的华商同学，面似观音，法相庄严。她经营酒店，业务顺风顺水，一路从天津扩展到北京。她非常注重企业的文化建设，连大厨都会背《弟子规》，她的公司有什么特别的快乐活动呢？在每年的年终岁末，都是服务业的旺季，但也是人员流动的高峰，很多员工思乡心切，想着要回家，人手严重不足，这是个头疼事。淑英想出了两个高招，年底要办运动会，大家一下不亦乐乎，乐不思蜀，更妙的是，运动会的颁奖典礼要在年三十晚上，一个不能少，谁都走不了，同时举行盛大的烟火晚会，当烟花在空中烟霞映照、斑斓璀璨之瞬间，真是动心至美，好开心好难忘的年三十！

拥有肯德基的百胜集团曾经召集了 2000 个餐厅经理在中国的万里长城上一起做"喝彩百胜"的活动。

"Yum！ Cheer（喝彩百胜）"的行动模板：

"给我一个 Y！"（群众高举双手，做出一个 Y 的姿势，并大声回应"Y"。）

"给我一个 U！"（群众高举双手并稍稍合拢，做出 U 的姿势，并大声回应"U"。）

“给我一个 M！”（群众双手搭在双肩上，做出 M 的姿势，并大声回应“M”。）

“这是什么？”（群众大声回应：“YUM！”并配合 Y 的姿势。）

“这是什么？”（群众大声回应：“YUM！”并配合 U 的姿势。）

“这是什么？”（群众大声回应：“YUM！”并配合 M 的姿势。）

企业家的见地一定来自他的经验，“未曾经历，不曾惊艳”，一个企业家让自己成长的最快速路径之一，无疑是走遍千山万水！

还记得第一次去方太游学时，看到一楼厂房里竟然有羽毛球馆、阅览室，真令人惊诧莫名。还记得第一次去谷歌游学时，看到了职场中竟然有健身房，还有钢琴、高山流水之画，何其雅致！令我们心生欢喜，悠然神往。

记得我们第一次去以色列游学的时候，漫步在浩瀚的荒漠之中，却能邂逅田园风光的基布兹公社，才触摸到以色列人民在百转千回中升华出的智慧之光。

还记得第一次去京瓷游学朝圣时，一抬首看见的那四个大字“敬天爱人”，振聋发聩，生天生地，内心的激荡和风云不可同日而语。

曾经我们一同拜会过耶路撒冷，一起去德国拜会宝马奔驰，喝德国黑啤，一起去阿里、华为、康师傅、立邦、欧莱雅。那些最美的回忆，让我们心驰神往，时光静驻。往事如烟，幸福如梦。

我去 LG 讲课，主讲《乐在工作——情绪管理》，讲授如何快乐地工作，在那过程中感受到 LG 之纪律可谓严明：大门口要换访客牌才能进入；讲课前要我出示我过去的专业证书；正式授课要提供课程大纲和子目录；要对受众做深度的调研。他们甚少邀请外部老师，很认真。也说明这一定是个卓越的公司。

LG 的工作环境营造出的压力确实不小，一走进公司，就发现门楣上贴着标语：“电子行业消费周期快，竞争激烈，让我们怀有高度的危机感！”走进洗手间，墙上都粘贴着文化宣传画，如“只要有 1% 的可能就要做 100% 的努力。”这种奋斗的氛围当然很能促进生产力！但如果只有一种严谨的文化，员工是很难承受的。员工也需要释放和快乐，需要感动和爱。这正是我们要努力的方向。课程的反响出乎意料的好，后来我又受邀去了 LG 同创、LG 菲利浦、LG 熊猫，为其企业的中高层授课！课程中我一直着重分享何为“快乐流淌的状态”。世界上每一个人都在追寻快乐，什么是快乐呢？也许有四种：第一种，忘我的快乐，身体和自己合一；第二种，爱情的快乐，大脑和爱人合一；第三种，巅峰的快乐，梦想和事业合一；第四种，布施的快乐，心灵和社会合一！

韩国曾是世界上空难数排第二名的国家，核心在于其航空公司的文化过于等级森严，过于强调伦理，以至于沟通存在壁垒，副驾驶都不太敢和正驾驶反映现实情况。我在研修教练技术时，了解到韩国航空公司后来引入了“啊哈”的文化，也就是同事之间相互可以开玩笑，对组织的效率反而有很大的提升。氛围和士气确实是最大的生产力。

情绪的最高境界不仅是快乐，更是自由驰骋！我们在NLP导师修炼中，一直用身体在表达五种情绪，来体现生命的五个阶段和历程：第一，流畅——我的释放；第二，断奏——我的方向；第三，混乱——我的突破；第四，抒情——我的合一；第五，平静——我的如实如是！如此，这才是最快乐流淌的人生。

前文谈到了将价值观转化为动词和行为标准，这样一下就清晰了，究竟该如何做员工才有方向？“快乐”这个关键词的行为导向是什么呢？行为是如何升级的？分享一个我们研究的咨询模板，也许会让你豁然开朗。

◎核心价值观

快乐（情绪管理）

◎定义

在职场中始终保持积极正面的态度，在面对压力事件或者他人的反对、敌意、挑衅和压力环境下，能够保持冷静，控制负面情绪和消极行为，继续完成工作任务的能力。

◎方向

没有冲动行为，冷静，能自我缓解压力、自我鼓励，保持激情。

◎五级行为标准

1. 一级：自我觉察

了解自己的情绪源、压力源，能够感知和觉察自己的情绪。

2. 二级：良好习惯

①养成良好的生活习惯和工作习惯；

②保持充沛的体力和精力，保持有氧运动和健康饮食的习惯，不放纵自己的娱乐，调节好睡眠时间和睡眠质量；

③爱笑、爱学习。

3. 三级：善于调节

①面对亲友、同事对自己工作的不理解，领导、同事对自己工作的不认可时，积极和主动地沟通，不气馁，不消极，投入工作；

②在感觉到强烈的感情（例如：发怒、极其沮丧或高度压力）时，能运用适当方式自我调节，如深呼吸、向朋友倾诉、运动、听音乐、自我暗示等；

③保持积极的心态，对负面事件能有正面的定义和思考，比如对公司所做的调整和变动，不抱怨，不苛责，因为这也许是晋升的机遇；

④建立正面和强大的信念体系，如对企业的降级或选拔失败等，不找理由逃避现实，顶住压力继续积极工作。信念是：大挫折带来大成就，烧不死的鸟是凤凰，除非你拱手愿意，没有人可以伤害你！

4. 四级：建立系统，建设性回应（建立一套适合自己的压力处理方式，如唱歌、静坐、倾诉等）

①感觉到强烈的感情或其他压力、不良情绪等，抑制住它们并以一些积极的方法来处理它们，冷静地分析问题的来源，并总结避免今后出现类似情况的预防措施和应对方法；

②获取解决压力的各种资讯和手段，包括如何运用家庭以及社会环境支持等，运用问题解决技巧，拟定解决计划；采用合理的方式自我调节，妥善处理压力所造成的反应，即情绪、行为以及生理方面的舒缓；

③洞悉自己的压力源及制定适合自己的改进方案。

5. 五级：善于“共情”，调节团队状态

①了解团队每一位伙伴的情绪状态，能提升团队的情商；

②当群体人员共同受到强烈冲击时，能够控制住自己的情绪，也能鼓励别人冷静下来，并保持良好心态；

③学会情绪“共情”，理解和处理好他人的情绪，既不漠然，也不粗暴，认同对方情绪、缓和对方情绪，建立一个拥有良好情绪状态的团队。

我给很多企业做过培训，有的企业里，员工每天愁眉苦脸，厌烦手中所做的工作，视其为惩罚，于是他们的人生就是一场漫长难熬的苦役，他们的工作就是无穷无尽的折磨，这类企业自然步履维艰，难有发展；而在有的企业里，我却发现他们的员工每天欢欢喜喜，热爱自己现在正在做的一切，视其为享受，于是，他们的生命就是一支悠扬动听的歌谣，他们的工作就是一种享受，而这样的企业就是快乐的企业，是充满热情与希望的企业，是有美好未来并且能将之变为现实的企业。

您的企业呢？是前者，还是后者？

坐言起行

您的企业是否进行过快乐活动？效果如何？

爱的格言

爱别人，也被别人爱，这就是一切，这就是宇宙的法则。为了爱，我们才存在。有爱慰藉的人，无惧于任何事物、任何人。

——彭沙尔　法国著名诗人

第二节　般若：成长活动

成长是生命唯一的主题。企业成长的活动可以有知识竞赛、技能大比武、演讲比赛等形式。

会议其实也是成长的活动，有这样几句话形容会议作为成长活动的重要性，会议是：领导重要的舞台；员工学习的课堂；干部训练的场所；疗伤止痛的医院；展示才华的舞台。

寺庙里有早课、皇帝有早朝，企业应有早会。在我的职业生涯中，几乎开过十二年的早会，从被动到习惯，从厌倦到革新，直至开早会成为我生命的一部分。每天早上学一句话，应该够写一本书。当早会持续，自成为文化。早会上有仪式、音乐，体验之深，犹如文化润心！不同行业的早会要求不一样，自有一套系统的流程、表格、行动要点！

这么多年的早会中，有几次能让大家群情激昂的，就是辩论赛，如辩题“市场经济是否有奉献”“要权力还是权谋”。那几次，辩手们口若悬河、急智百出，委实别开生面，既是一场场逻辑思维的洗礼，也是胆识智慧的呈现，现场响彻云霄的笑声将快乐化为成长的动力。

那一天，我五点起床，六点半乘高铁，去为一家准上市公司做了一个合伙人落地的成长活动。

在前一年做了股改之后，很多人花了真金白银，成了公司的合伙人和股东，但是，非常遗憾的是，合伙人在心态上、内心世界上、身份角色上，并没有完全意识到他就是企业的主人翁，是企业的合伙人。

因此，合伙人设计的落地，其实有两个落地，第一个是方案落地，第二个是心态落地。

于是，我们做了一个深度的空巴活动，做了一个心与心的沟通。

第一个，我们提出了口号：“相携互助，人人都是经营者、人人都是主人翁”。

第二个，我们提出了“三个转变”：角色转变、身份转变、思维方式的转变。

如果思维方式没有发生转变，一切的行为和能力都不会发生转变，因为思维方式是决定一切事情的根本，首先是从你内在的思维发生变化。

如果身份不转变，价值观就不会转变。如果角色不转变，工作意愿就不会转变。

身份决定信念和价值观，价值观决定了能力，能力决定了行为。

作为合伙人，应该有哪些行为呢？

第三个，我们提炼和浓缩《合伙人的行为标准》

我们应该如何做？

（1）我们要在业绩、成本、单位时间等方向上，持续改善和精进。

（2）我们要认知到企业是我们自己的，未来是靠我们自己创造的。

（3）我们要敢于和损害公司利益的行为进行斗争。

（4）我们要主动协作，创造绩效。

（5）我们要先公后私。

（6）我们要意识到我们是这艘船的主人，我们要努力地划桨，而不是划倒桨。

（7）我们要持续不断地培养人才，成为团队的伯乐，激发团队的积极性。

在经历了一天的乡间徒步挑战赛之后，大家喝着啤酒，吃着小吃，在欢声笑语中，不断升华自己的思维，分析公司的财务数据，逐渐在心中找到了合伙人的感觉。

最后，我们提出永远学习、追求卓越的精神。

人心，可能是世界上最靠不住的，但是一旦链接起来，也可能会成为世界上最具力量的长城。

合伙人的方案只是表象，合伙人内心的转变，企业的工作作风，团队的文化，才是一个企业真正的灵魂！

在匠合，新年的第一天，都会有元旦晨跑的活动，迎着新年的晨曦，员工们向未来奔跑，命运和征程交织，毅力和梦想重叠，在坚持的过程中，有泪水亦有喜悦，在冲刺的过程中，有收获亦有超越，这是身体的耐力、思想的意志力最大的成长。

我们生命中经历的一切事都是修行和成长，干我们讲师这一行，千山万水、千言万语，汇成三个字——不容易。记得有一次从扬州坐最晚的大巴回来，全车就我一个人，孤单是说不出的忧伤。天天在出差，飞来飞去，是个“鸟人”，飞机常晚点，有一次在机舱里关了六个小时。还有一次从成都到杭州的飞机晚点，折腾到凌晨一点多才飞，到达宾馆时已经是五点，还要再讲一天课，几次讲到喉咙都发不出声音，还在讲课，客户只能看手语。这日子过的，用一句话——事非经过不知难！可没有熔炉，岂有顿悟？没有经历挑战，怎么会有彻心之悟？

我们举办过一个很有意义的活动，和内心的成长有关，叫“励志歌曲卡拉OK比赛”。什么叫励志歌曲？记得我曾应一位老总的邀请参加他们的年会，董事长唱了一首歌，让我印象深刻，此歌为《向天再借五百年》，一首让人激情燃烧的歌曲。歌声代表人生，选择唱什么歌，代表我们对生命的状态和心态！我们的卡拉OK比赛，要求是必须唱有意义的歌曲，千万不要唱“爱你几分泪几分”这类无病呻吟的歌曲，因为无益于成长。

坐言起行

您的企业有哪些成长活动？

爱的格言

希望被人爱的人，首先要爱别人，同时要使自己可爱。

——本杰明·富兰克林　美国政治家

第三节　超越：竞争活动

大自然是物竞天择的，人类是优胜劣汰的，企业的竞争就是强者生存。有时，越“珍惜”自己越没有自己，真正珍惜生命在于拼命燃烧，越追求精彩越长寿。一切成就都是逼出来的，成功的关键就是不断地“勉强”自己。

我们可以在企业中开展 PK 活动，比如团队士气大 PK、业绩排名大 PK、工作技能大 PK。湖南卫视当年之火，源于“超女”的 PK；《非诚勿扰》之火，源于男女嘉宾的 PK。

我们过去每一年都有登山比赛，爬过紫金山、黄山、天柱山，登山代表一种精神。有一句口号，激励了无数登山的运动员，叫作“因为山就在那里”。因为山在那里，所以我要去攀登。

每年在各大商学院之间，都有一个有意义的 PK 活动，叫作“重走玄奘路”，体现现实版唐僧——玄奘法师的精神。我写过一段话来感怀大师：“十岁剃度，二十五岁西行丝绸之路取经，宁可向西半步而死，不愿向东一步而生，孤身穿越八百里沙漠，四年风餐露宿，无数死里逃生，终抵达印度圣地那烂陀寺，痴学十一载，荣归长安，再十九年专心译经一千三百余卷，又造大雁塔！空前绝后之大成！舍生忘死，纯洁大爱，塑华夏文化！谓千古一完人！”

时值七月份酷暑，我们匠合上海公司在嘉兴举行了 20 公里徒步的活动，那一天雨很大，但大家没有放弃，坚决不上车，雨水泪水汗水裹成一团，铭刻在我们的灵魂深处。我们深深明白，最后的五公里是最艰难的，最后的一公里是最充满挑战的。人与人之间比的是什么？不是才华，而是坚韧、坚持、坚守，永远饱含热泪再试一次，这也是我们匠合人的凤凰精神，永不言弃。永远记住，奋斗的过程比侥幸的结果更重要。

在我七岁的时候，偶然发生了一件小事，却影响了我的一生！那天清晨时分，我和哥哥在打羽毛球，闲着的我将球拍放在煤炉上烤着玩，只听见“滋滋”的声音，球拍中间的丝线被烤焦了。哎呀，这下闯祸了，心中很是担忧，哥哥还“恐吓”我，说这球拍需要父亲一个月的工资才能买到。这一瞬间，我的第一反应是一定要离家出走了，否则后果很严重。于是我行动了，当时的我生长在六合县四合乡，我的目标是找我住在南京的奶奶，因为她可以管住父亲，从乡里到县里坐车要一个半小时，从县里到南京市又要一个多小时的车程吧，这都不管了，跑路吧，像是终极大逃亡。

一个七岁的小不点儿，不是独自坐车，而是独自徒步，估计现在的我都没有这个勇气。我印象中是上午九点多出发的，好像还有街坊邻居问我去哪里，我说去南京，很得意很潇洒地挥别。接下来的时光就是挑战了，一直走呀走，没有钱，没有食物，没有水，路上还有很多岔路，一度让我很迷惘犹豫。几乎到了下午四五点钟才到了县城，我发现太阳都落山了，走到南京定然是来不及了，我想起母亲在县城的百货商店上班，我还记得一点儿路线，凭借记忆我东绕西绕，竟然找到了母亲的单位。看到我，她吓了一跳，才知我是一个人走来的，真是“孤胆英雄”，赶快去邮电局打电话回乡里。母亲怜惜我，将我放在邮电局的大桌子上，向父亲报平安。父亲一下很释然，终于有了我的消息，连夜骑着自行车赶来相聚！责任是不会追究了，估计怕我再出走。

那天晚上去了住在滁河边上的姨妈家，一天没吃饭了，记忆中一大桌子人围在一起，晚上的蛋炒饭很香。我吃得好饱！

一夜之间，全乡的人似乎都认识了我，走在路上都和我打招呼，似乎我成了名人。这件事情给了我一个神奇的体验，塑造了我的价值体系和信念——原来我可以！只要有目标、坚持，就有收获！到现在，我都爱出门！有时，超越自我也是一种竞争。

坐言起行

竞争活动能否为您的企业注入活力？

如何才能将竞争活动的负面影响降到最低？

爱的格言

爱能使伟大的灵魂变得更伟大。

——弗里德里希·席勒　德国诗人

第四节　爱心：感恩活动

爱是唯一的答案，如何将爱和感恩注入心田？在年终岁末的时候，举办“感恩”“感动”主题演讲比赛是个好主意，目的有三：第一是锻炼演讲和表达能力；第二是发现人才、培养人才；第三是在演讲过程中，发现和凝结爱，让大家专注于爱，人们不需要说教，人们需要自己感动自己。

多年以前的大学生涯中，我向班长报名参加学院举办的“爱我中华”演讲比赛，班长激动地握着我的手久久不能松开，预祝我一定成功！我问他为何如此激动，他说全班就我一个家伙报名！至今，我还记得，在演讲结束时，有一句话在我耳畔萦绕，莎士比亚的名言：“上天生下我们，是要把我们当作火炬啊，不是照亮自己，而是为了普照世界。”

在匠合咨询，一直推行一个有深意、有爱心的活动，缘于一张可以嘉许他人的感恩卡，每个人可以把感恩卡送给要感谢的同人，上面写上祝福的话。人均有两张卡，享有自我投票权。更妙的是，拿到卡片的人可以到财务部去兑换现金，一张值五十元。这就是智慧了，也是活动能生生不息运转的动力。

在每次培训班结束的时候，我们全体助教会共跳一曲《谢谢你》。刀郎的歌质朴沧桑，苍凉悠远，助教全情投入，让现场的学员为之一振，有的学员半开玩笑说，三天的课没感觉，但是最后被这首歌打动了，被全体助教专注而沉静的表情打动了！

最难忘的，还是带同学们去养老院的公益活动，老人家的生活将你抽离出现实世界，有一天，我们都会老去。养老院中有的老人骨瘦如柴，让人无比怜惜；有的老人慈祥热情，一直抓着你的手，久久不松开，让你不禁动容。记得有一次出差，清晨坐在火车站的“永和”里吃早餐，目睹一个大妈在喝别人剩下的汤，背影让我很震撼。我给了一元钱，询问她为何不工作，她告诉我得病几番被开除，我无语。她被服务员赶来赶去，也无人施怜，我挥手招呼她来，又予了五元钱。傍晚归来在火车站停车场拐角看见一个露宿街头的老奶奶，我把包里的食物全部留下了。这也许就是我能做的！

邂逅生命中最美的彩虹

那是神圣的一天，是匠合爱心图书角正式启动的第一天。

我们来到了兰考爪营村小学，一走进小学校园，仿佛回到童年，水泥的乒乓球台，钢管的双杠，粉笔字的黑板报，让人穿梭时空，追忆往昔。

可爱的孩子们齐聚在操场，举行着今天的升旗仪式。我们走上台和孩子们互动，笑意盈盈，其乐融融，告知孩子们我们的初心，为每间教室送上我们的爱心图书。

在爪营村上学的孩子们中，60%是留守儿童，大多的父母都在外地打工，看着孩子们红扑扑的小脸，纯净而希望的眼神，你会感慨万千，他们的生命需要更多的关怀和爱。

上台演讲时，我和孩子们分享了九个字：谢谢你，我爱你，祝福你。我勉励孩子们要成为全世界最会鼓励自己的那个人，要告诉自己“你就是无价之宝”！

每个孩子都是来到这个世界的天使，每个孩子的生命中，都需要一本最好的书来陪伴。

学校的卜校长表达了真挚的谢意，同时谈到了阅读对于同学们生命的影响，让每一个生命丰盈和绽放。

孩子们为我们系上了红领巾，在系上红领巾的那一瞬间，仿佛回到了青春少年的时光，我轻声地说了一声谢谢，孩子说“不客气”。这是世间最美的相遇，这是世间最美的礼仪。

我们把每本新书放进每一个教室，每间教室将会获得近100本全新的书籍，这些书籍都是专家们精挑细选出来的，适合每一个年龄阶段的成长和需要。

最美乡村老师齐老师向我们讲述了把图书角放在班级里面的原因。图书角放在班级里面，便于班级的同学自我管理；第二个是让同学们随时可以亲近到图书，随时可以体验到图书；第三是读书会的开展，让孩子们将阅读成为习惯，是图书角的使命。

我们站在讲台上，开始为他们主讲这些绘本时，体验到了一种非常幸福和美好的感受。孩子们的眼神是那么的专注，那么的渴望，他们希望知识的甘霖，与这个世界来一场美丽的相约，是那雨后的彩虹，让你我彼此相会。

据说全世界卖得最多的书是《小王子》，其中有一句话，“世界上最美好的事情是看不见的，需要用心去感受！”

我们的目标是建立1000个匠合公益图书角。在路上，让我们以行践言，相遇更美的未来，创造无限的可能。祝福孩子们都拥有美好的未来，邂逅最美的奇迹。

坐言起行

您觉得有必要在企业中发起感恩活动吗？为什么？

爱的格言

爱的力量是和平，从不顾理性、成规和荣辱，它能使一切恐惧、震惊和痛苦在身受时化作甜蜜。

——威廉·莎士比亚

第五节　正能量：健康活动

一个企业的健康活动对企业迸发活力有巨大的推动作用。李嘉诚每天早上七点在浅水湾打高尔夫；王永庆每天早上要跑步，风雨无阻五十年。中国台湾女首富王雪红是 HTC 创始人，她说父亲王永庆每天和她的交流就在清晨四点半的运动场。我发现，企业里 90% 的问题都是因为领导人体能（精力）不够，有精力你就能发现事情的根本，就能立刻解决问题。如果精力旺盛，就可以连续八小时思考一个问题，不行花八天思考一个问题，不行花八个月专注于一个问题，一定可以解决。

世界 500 强在招聘的时候，要什么大学生呢？他们的招聘经理不是招获奖学金者，不是招第一名，不是招专业对口者，而是问一个经典问题："你除了读书之外，还做了什么？"如果一个人在大学期间，还参加演讲比赛、乒乓球比赛、羽毛球比赛、象棋比赛、拔河比赛，当选为学校广播站总编辑等，此人一定状态超群、体力充沛，可以用。以上项目正是我大学的参与项目，还顺便卖过啤酒、出过黑板报，就是没谈恋爱是个遗憾。事实证明，当初能在学习之余有精力谈恋爱的，今天混得也不错。

对此，我小结我今天经营事业的动力，有四大关键：第一是父母的爱，亲情永远是强大的后盾；第二是学习，知识改变命运；第三是体力，运动使人充满活力，活力带来行动力；第四是目标，目标决定策略，我一直渴望的，将变成我的人生。

我喜欢晚上跑几圈步，踏着松软的塑胶红色跑道，闻着青草的芬芳，呼吸着畅快的空气，不亦乐乎。在单杠上来了几个"大回环"，感觉到肩颈如此的舒畅。人不是因为衰老才僵硬，人是因为僵硬才衰老。

每一个人，用我们的身体来完成我们的使命和梦想，因此我们要格外珍惜我们的身体、我们的健康。

第一个是要热爱运动，享受运动，感受到运动之美，运动之舒畅，运动之爽。不要把运动变得很痛苦，龇牙咧嘴，咬牙切齿。

第二个，要找到自己所喜爱的运动，比如跑步、羽毛球、单杠。跑步是一个很好的运动，因为不需要约人，随时就可以开始，这是一个具有自主性的运动。

第三个，运动可以分泌出我们的内啡肽，可以让我们的身体处于一种非常喜悦、快乐、兴奋的状态。过程幸福，结果有意义。

每个人的生命都是一个作品，运动是雕塑自己的过程！

多年以来，企业曾组织的活动仍历历在目，比如登庐山的三叠泉，黄山的光明顶，紫金山的头陀岭，张家界的“哈利路亚山”，每每回忆起来，清新的山风仿佛依然在脸颊轻拂！

奥运会的宗旨正在于此，人类为此疯狂了百年，就是为了健康活动带来的正能量。在企业中一样可以常举行健康活动，比如趣味运动会。这样第一可以增加员工的快乐指数；第二可以强健体力，优化工作的效率。

2021 年匠合公司开工第一天，我们开启了新年的运动会。

第一项是接力跑，大家跑得不亦乐乎，人仰马翻。

第二项是撕名牌，我还是第一次玩这个游戏，觉得这是一个融脑力、体力、心力为一体的游戏，也是趣味横生。

下午我们又举行了篮球比赛。好几年没有打篮球，篮球比赛中，我们小组 1∶4 落后时（5 分制），实现大逆转。随后又举行了羽毛球比赛，很多伙伴第一次弄清楚了羽毛球的规则。我很喜欢羽毛球，那记载着我的初恋。那是读大学时的一个下午，我们在参加羽毛球的比赛，心仪的女生穿着黑色的上衣在球场上比赛、穿梭，像一个精灵。突然之间，一个眩晕击中了我，整个人彻底融化，那一瞬间，实在美得无法言喻，天地一片寂静。可惜可叹，那是被融化的感觉。

在拔河比赛中，我们学会了永不言败。在篮球比赛中，我们学会了合作。在羽毛球比赛中，我们理解了规则的价值，这都是全新的成长。

我在纽约的海岸边，看见许多的年轻人健步奔跑，时值秋日，他们身着短裤，汗流浃背，真是让人触动。中国的公园，都是老人家在锻炼，很多三十多岁的青年俊杰，早已失却了矫健的身材，中国人的“三高”之多，你我当引以为戒！

真正的幸福企业，是可以让企业家身心同步解放的企业；真正的幸福企业，是可以为员工创造美好生活的企业；真正的幸福企业，在解放生产力的同时，也解放人们的心灵；真正的幸福企业，既创造财富，也创造思想；真正的幸福企业，拥有坚定的意志、不变的信仰，既尊重现实，也为理想而不断奋进。而健康的运动将给企业带来更多的正能量和幸福！

坐言起行

您的企业有什么健康活动？

爱的格言

不能使你发愤的爱，不如不爱。

——拿破仑·波拿巴　法国军事天才

第六章

六大节日顺人心

日子本没有念想，除非你赋予了意义。当你把这一天赋予意义，而这一天的每一秒，意义和神圣感都会铭刻于你的内心。华夏民族千年传承之中，就有各种节日，意味深长，绝非为了吃吃喝喝。节日是一种对生命中重要时刻的庆祝，是人们和时空当下的对接。让我们的身心去体验这个殊胜的当下。

第一节　传统节日：点亮人生

华夏民族几千年传承之中，就有各种节日，意味深长，绝非为了吃吃喝喝：清明节祭祀先人，核心就是“孝”，和祖先连接；端午节的核心就是“忠”，和国家大义连接；中秋节就是合家团圆，合家欢聚，核心为“和”，和家庭连接。春节呢？过年气象万千，为“新”，和未来美好的时空连接。

至今我仍记得小时候过年，温馨的场面令人动容。在南京老城南的磨盘街，那是爷爷奶奶的家，全家人都从五湖四海回来，姑父用自行车摇摇晃晃地扛回了一台14英寸的彩电。家中人多得快坐不下了，用两个大方桌拼在一起，满桌子的菜，那份热闹，那份喜悦，欢声笑语融化于全家人的内心，幸福感在我的一生中回旋。

忠

何为华夏儿女之“忠”？日寇侵略中国的时候，看到当时的国民政府腐败羸弱，经济持续萧条，军阀不断混战，整个社会一盘散沙。于是，日本人提出“三个月灭亡中国”的狂妄计划。但他们没有想到，单单淞沪会战就足足打了三个月。中国人民的顽强抵抗，给了日本侵略者沉重的打击，这令日本人始料未及。日军占领上海后，大汉奸周佛海找到青帮头目黄金荣，问他是否愿做伪上海市市长。黄金荣说：“我虽然没有读过书，但我还是知道岳飞的。”意思就是说，这个事他不能干，汉奸不能做。不忠之人，必是千古罪人。

有一部电视剧叫作《我的团长我的团》，讲的是中国远征军的事。1942年国民党派遣远征军出征缅甸，这对“二战”远东战场的胜利起到重要的作用。因为当时西南这个大后方，是中国取得外援的唯一的战略要道。远征军的故事波澜壮阔，可歌可泣。泪流满面中，我们会发现：为什么中华民族不会亡？是因为我们有不朽的“忠道”。

孝

何为华夏儿女之“孝”？小的时候，印象特别深的是，一年当中有两个时间，许多的叔伯长辈一定会从五湖四海赶来，聚在一起。第一个当然是春节，万家团圆；第二个就是清明节。很多时候，我发现清明节家人更多，每一年在扫墓之时，长辈们的虔诚和孝顺之心，涤荡着我日渐成熟的人格。

清明时节雨纷纷，那一年又到了清明节，本来想从南京借辆车回老家，不想朋友们都回故乡扫墓了，包括若干平时看起来玩世不恭的兄弟。中华文化还是强大呀！虽然平日里疯狂赚钱，其实还保有人性的美好！只是不知道是出于对先人的祭奠，还是对自己的保佑，但无论为何，都值得提倡！很明显这是巨大的传统文化的力量。

那一年，我从沪来宁开车奔驰近十小时，一来拜祭先人，爱生生不息，寻找内心的平衡、宁静；二来回家看看，渴望回乡的温暖、舒畅；三来和父母大人团聚！母亲张罗了一桌好菜，尤其是好久未尝到的藕夹子。爱让世界转动！

从家庭系统排列的心理学科来看，一个人和父母的连接是幸福和成功的大前提，一个人事业的成功与否常取决于他和父亲的关系，一个人身体的健康与否常取决于他和母亲的关系。

坐言起行

您的企业在传统节日会组织哪些活动？效果如何？

爱的格言

道德中最大的秘密是爱。

——雪莱　英国抒情诗人

第二节　感恩日：温暖人生

西方有感恩节。感恩节是美国人民独创的一个节日，也是美国人合家欢聚的节日，因此美国人提起感恩节总是倍感亲切。感恩节是美国国定假日中最地道、最美国式的节日，它和早期美国历史最为密切相关。1863 年，美国总统林肯宣布每年 11 月的第四个星期四为感恩节。感恩节庆祝活动便定在这一天，直到如今。届时，家家团聚，举国同庆，其盛大、热烈的情形，不亚于中国人过春节。感恩节源于感谢上帝赐予的丰收，感谢印第安人的帮助，今天已经在全球范围内普及开来。感恩节提醒我们要学会时刻感恩。

那么企业有感恩日吗？企业是一个高效的组织，而员工的自动自发从何而来呢？自动自发就是员工发自内心的感动、愿意奋斗。这些年企业家请我去讲感恩文化的越来越多，每次在讲述《传承领导力》时，我都会讲“三颗心”：第一颗是责任之心，第二颗是光明积极之心，第三颗就是感恩之心。企业的掌门人和创业者们付出了多少汗水和辛劳，才有我们幸福的今天？老板也是个孤独的孩子，为了梦想和对客户、对员工的责任，奋力前行，无人喝彩。课程临近结束时，我会请员工掏出手机，给自己的老板，也许你不太理解但值得你深深尊重的老板发短信表示感谢。这是一个令人感动的时刻，当下的那一天，是洗涤心灵、充实灵魂的日子，那一天，就是感恩日。

感恩对于企业来说十分重要，我希望不仅是员工要感恩企业，企业家更要感恩社会和国家！感恩是最美的情怀，人生没有太多的“应该”，却应该有一颗感恩的心！

对企业来讲，感恩和爱就是生产力，就是竞争力！如果怀有感恩和爱，我们做一切事情就会动力十足。子曰：“知之者不如好之者，好之者不如乐之者。”爱因斯坦说：“热爱是人生最好的老师！”当一个人对企业有感恩和热爱之心时，责任感油然而生，就像我们爱自己的祖国一样，多少仁人志士因为这份深深的爱献出了自己的青春和热血。

万通地产由中国地产业思想家冯仑创建，公司有企业文化博物馆，营造着爱的环境。历史是我们共同奋斗的回忆，这让员工由理念上的爱，发展为具体的感受上的爱，觉得在公司工作心情愉快，干劲十足。同时，也让那些一开始并不是真心热爱，而只是期盼得到一份工作的人，最终也能真心爱上公司。万通有一封很特别亦感人至深的感恩信，特附在此。

亲爱的伙伴们、朋友们：

今天是万通地产的感恩日。从 1999 年开始，我们把每年三月的第二个周六定为万通地产的感恩日，延续至今已有 14 年。我们要对所有万通地产的伙伴们、朋友们诚挚鞠躬：谢谢你们！

今年是万通地产的第 21 个年头，我们正迈入新的境界和旅程。地产行业周期波动，时下，我们所面临的国内外经济和金融环境不确定因素在增多，对我们所处的行业是大考验，也是大机遇。万通地产以一介民企，得以存活、生长，臻至佳境，是社会各界的帮助与认同使然，也是万通人不断创新、呕心勠力的结果，更是客户、投资者和社会各界朋友的支持、帮助与认同使然。值此 2012 年万通地产感恩日来临之际，向大家衷心道一声：感谢！

感谢我们的客户。感谢你们选择万通地产，并与我们结成朋友般的关系。我们仍有不足之处，感谢你们对我们的督促和理解，共同创造和谐美好的社区环境与生活。

感谢我们的员工，感谢我们的投资者，感谢一切给予万通地产支持、关心和帮助的人们。企业的价值，在于创造财富，更在于为社会提供正能量和贡献。

万通地产的这份感恩，不仅能带给客户与合作伙伴以温情，更会给员工带去一分不可多得的温情。如此，将使万通人更加努力地付出，实践万通人的独有价值。

类似于万通的感恩活动，被不少企业采用，相信感恩的力量将给企业和员工增加前行的动力。

坐言起行

您的企业是如何度过感恩日的?

爱的格言

我是极空洞的一个穷人，我也是一个极充实的富人——我有的只是爱。

——徐志摩　中国现代诗人、散文家

第三节　纪念日：巅峰人生

公司成立，意味着生命的诞生，就像我们每一个人的生日要庆祝一样，对于公司成立周年日，也要隆重庆祝。这是一个一举多得的好事：第一，让社会各界团聚，集合支持的力量；第二，进行品牌宣传，广而告之；第三，让员工见证公司发展历程，感受公司蜕变，强化自豪感。

在我们所咨询的企业中，有一家公司前不久策划了一场公司十周年庆的活动。有两点很值得一提。

第一是奖励。为何奖励？奖励什么？这是非常核心的。对于和公司风雨同舟十年的伙伴，奖励了海南双人游（可带自己的爱人）；五年司龄的同仁，奖励单人游，此举在于加强员工的忠诚度，表明员工在公司越久，公司越不会忘记。在晚宴现场，每人获赠了一块印有公司标志的手表，表示“一路时光走来，幸好有你”。

第二是活动和仪式。开场时，所有公司高管在门口守候，一到庆典时间，打开大门，有请所有同人进场，站在门口的管理者给予大家掌声并问好，而不是传统的大家恭候、欢迎领导入场。这一幕，让大家受宠若惊，这个小举动恰恰是企业价值观的体现，意味着“民为重、君为轻”。晚会的所有节目都是自编自导，不允许找外援，大家贡献了各种才艺，有夸张的小品、有韩国舞蹈、有男女反串的舞蹈，最后，大家还评选了获奖节目，奖的来头都很大，有“金马奖”“金鸡奖”等，让晚会的贡献者们获得首肯。

我们匠合每年都有周年庆大型活动，邀请过樊登老师、余世维老师，在大型论坛中，各路英豪汇聚，蔚为大观。

在周年庆典中，集合了活动、仪式、荣誉、庆祝等各种文化落地的策略，周年庆就是最好的企业文化舞台，用水晶球开启仪式，点燃神圣和庄严；表彰优秀员工的荣誉，扬善于公堂；将员工的家属盛情请到会场，情满心间、彼此支持；点燃生日蜡烛，许下最美的祝愿……生活的每个瞬间未必都很美，但美丽的一瞬却能点亮我们的人生，令我们久久回味，时时留恋。

2019 年的 5 月 10 日，我们匠商同学参访了阿里巴巴。这是一个传奇的日子，这一天是阿里日。我们走进了阿里巴巴杭州总部，这一天，锣鼓喧天，这一天，阿里巴巴将会对外开放，所有的员工家属如约而至！这一天，园区到处张贴标语“此时此刻，非你莫属！”

喷泉的高度永远不会超过它的源头，一个人的事业也是这样，他的成就永远不会超过自己的信念。

在阿里巴巴，有这么一句话。马云他对阿里铁军说：“我们不承诺你会有钱或者你会当官，但是我们会承诺你们会痛苦、失望、沮丧，你们如果把这些东西用日记的形式写进博客，那这本书值得所有励志创业的人来品读。”

阿里日的源头，是因为阿里巴巴在 2003 年非典的时候，遭遇了一个前所未有的重大挑战。他们有一个员工叫小宋，是阿里巴巴 118 号员工，被感染上了非典，接下来阿里巴巴所有的员工都面临着要被隔离。马云为小宋送来了一张 CD——阿杜的《坚持到底》，但是他自己也被隔离了。整个阿里巴巴的 400 多个员工全部被隔离了，园区的其他企业都对阿里巴巴意见很大，认为他们把非典带回来，让他们的生命遭受威胁，想要冲进来砸桌子！

5 月 6 日，阿里巴巴杭州公司启动非典应急预案，所有人必须要在家办公，戴着大口罩的马云向大家宣布了这个消息。

马云还给员工写了一封邮件。

“从来没有一家公司会遭遇这样的挑战，小宋的病情牵动了整个阿里人所有的心，杭州城父老兄弟的心。从来没有让我们这些年轻人经受如此大的精神压力，从来没有机会让我们可以如此团结一致，面对挑战。同时我们迎来了一个令人羡慕的机会，这就是我们不仅可以为自己，也为我们国家在特殊情况下必须在家上班，积累大量的经验。世界上近 400 人，在毫无准备的情况下在家上班，维护全球最大的商业网。这是一个吉尼斯世界纪录，体现了大家的团队精神和为使命拼搏的精神。

我想再次和大家说一声，我们应该为自己骄傲，我们可以创造奇迹，我们年轻并且能够接受挑战，保护好身体，只要健康在，阿里人会创造更大的奇迹。”

从此以后，5 月 10 日阿里日这一天，阿里员工的家属可以来到园区参观交流，将会有公司的人才官来做分享阿里的文化和理念，感谢阿里员工的家属们！

一个正在创业的公司，哪有不艰难的！一个发展中的国家，哪有平坦的道路。人类不就是在一次又一次与各种灾难做斗争的过程中，一步一步前进了吗？

司庆日的形式多种多样，每家公司应赋予其不同的庆祝意义。

同时一些企业在发展过程中，不忘社会的恩赐，努力地向社会进行回报，使得他们的司庆日增添了慈善的色彩。

总之，司庆日是一个特别的、令人兴奋的日子，不管以何种方式来庆祝，这一天都是伟大的。它印证了企业在岁月的风霜中又长了一岁，它正在慢慢壮大。通过司庆日，员工可以感受这种喜悦，并激励着员工为企业的成长而不断地奋进！

坐言起行

您是如何看待司庆日的？举办过哪些主题活动？

爱的格言

我没有别的方法，我就有爱；没有别的天才，就是爱；没有别的能力，只是爱；没有别的动力，只是爱。

——徐志摩

第四节　沟通日：畅通人生

人和人之间只有进行有效的沟通，才能同对方有更深入的了解，从而拉近相互的距离。随着手机、互联网的日益普及，人们之间的沟通越来越少。在公共场合，我们到处都能看到“低头族”，捧着自己的手机，聊 QQ、微信，玩手机游戏等，沉醉于虚拟的世界里，从现实世界“超脱”了，所以越来越多的人都面临着沟通难的困境。

如果在企业中发生这种现象，企业很有可能变为一盘散沙，失去团队凝聚力和向心力，进而影响到企业的工作氛围和员工的工作效率，增加人为内耗成本，最终影响企业运营。

将时间留给沟通，是企业文化的象征。在南京中国近代史遗址博物馆（南京总统府），有中山先生用过的会议室，上悬一幅条幅，浓墨重彩四个大字：推心置腹。

不愿意倾听不同的声音，是管理者最大的疏忽。企业管理在过去是沟通，现在是沟通，未来还是沟通。成功等于支持，支持在于沟通！企业中最大的问题不是如何做事，而是如何管人，人免不了有情绪，免不了有内耗，此时此刻，沟通凸显出钻石一般的价值。

爱立信有“SAY TIME（交谈时间）”，非常注重坦诚的沟通。联想在公司经营过程中，曾有段时间风雨飘摇，谣言四起，公司用一只大头猴作为象征来辟谣，并将重大节日后上班的第一天作为沟通日，可以跨层级和跨部门交流，此为“沟通日”。

有一天，我们召开了我们匠合历史上的第一场裸心会，这是我们的沟通日。

裸心会和空吧有点像，都要喝点酒，都要寻找共同的氛围和主题，有一个特色，就是不开灯，点蜡烛，这是一个很特别的感觉，分享的过程中，好几位伙伴一边说着自己的心里话，一边流下了眼泪，大家心门渐开，心灵融化。

裸心会的目的是敞开自己，一个人只有被别人所了解，被别人所聆听，才能够让更多的人去信任你，才能获得更多人的支持。正如“哈利视窗”所说：每个人都有自己的盲点，每个人都有自己的隐私，我们只有放大自己的公开象限，才可以让我们彼此连接，更加融洽与和美。

分享开裸心会的五大步骤：

第一步是主题话题。

比如我们的主题是：在你生命中对你影响最大的人是谁，他带给你怎样的价值观，让你最感动的一个故事是什么？

当你分享这样的一个话题时，人们就理解了你对生命的价值观，对生命的认知。

第二步团队活动。

通过一个小活动破冰，化解紧张的气氛，让大家进入状态。

第三步营造氛围。

裸心会一定要有清酒，有香薰蜡烛。灯光转暗，舒缓音乐之下，让大家找到愿意倾诉之感。

第四步倾听观察。

去留意我们语言的线索，去倾听大家的感受，他因何而喜悦？为何而悲伤？理解我们彼此真正的需要。

第五步是流程主线。

流程主线就是昨天、今天和明天。了解一个人的昨天，理解一个人的今天，助力一个人的明天，这就是我们开裸心会的目的。我们要知道他的心灵扳机是什么，他的心锚是什么？他的渴望是什么？我们怎么彼此托起，相互成就。

最需要的沟通，当然是“爱”！有一次，我在饭桌上偶遇红杉资本——坊间尊为“中国第一基金”——的 VP 副总裁。他分享了有一次受邀去参加一个知名品牌企业财务部的年会的经验。年会的主题让他吓一跳，主题是“如何拥有更多的爱”。财务部一群无比理性的高级知识分子，大家不谈今年的净利润和现金流，却谈“爱”！实在令他大为诧异，也回味无穷，而这个部门的员工稳定性和效率出奇的高！因为“爱”实在是我们唯一的共同语言，也是我们最深的渴望。

坐言起行

您的企业是否设有沟通日？您觉得这个节日的设置有没有必要？

爱的格言

一切有我在，一切有爱在。

——徐志摩

第五节　学习日：改变人生

在信息化的世界，我们只有不断地学习与进步，才不会被时代所抛弃。我们应该勇于接受各种变化和新观点，这样才能使视野变得愈加宽广，看得更远。管理者应该让企业形成勇于接受变化的文化，并乐于以改变自身来适应这个世界。

学习是比自由更重要的事，因为学习能带来心灵的自由！李嘉诚先生把学习解释为“抢知识”。人生只有三件事：觉察、觉醒、觉悟！学习只有三件事：领悟、感悟、觉悟！

学习分四个阶段：第一个，无意识无能力；第二个，有意识无能力；第三个，有意识有能力；第四个，无意识有能力！这里面第二阶段最有价值，有意识地觉察和改变。第四阶段最有能力，超意识不知不觉地绽放！人生要不断地在这流程里整合和突破！

蒙牛把7月19日定为学习日，体现了对学习的高度重视，因为只有学习型组织才能活下去。年底发优秀电视剧光盘学习，如《大染坊》《汉武大帝》等，早期要求干部看完电视写感想，后来发现许多人都由秘书代写，过年麻将照打，文章笔扫千军，于是要求干部看完电视剧，必须对着摄像机讲半小时收获和心得。此法可谓高超：第一，无法作弊；第二，考验思辨和体悟；第三，凸显口才和演说力。

在我近四十岁时，走入中欧的课堂求道学习，每月三天的阶梯教室成了我的学习日，行走在水漾的校园，去食堂悠然打饭，仿佛回到了无邪的大学时光，路过图书馆时，书籍鳞次栉比，一切静美安好，天地精神任遨游。

那日 EMBA 同学聚会，大家分外喜悦和丰盛，往昔温馨求学时光一一浮现眼前，唯赋小诗一首《幸好》，记载毕业三周年的感悟和体验。

《幸好》

毕业了，我们各奔东西。
汽笛响起时，
心也被融化成一团，
不知道还能否见面。
彼此奔忙时，
不知道还是否挂念。
在穿梭的人海中，
回想你盈盈的笑脸。
在繁重的工作中，
感怀你爽朗的笑声。
幸好，
我与你重逢，
三周年的相约，
仿佛解开了千年的谜题。
我们像远方的候鸟回到了故乡，
我们像远行的游子相聚在家中。
好久没有那样欢畅，
好久没有那样奔放。
我有酒，
你有故事吗？
那一天，你喝了很多，
醉的不是酒，而是心！
创业的艰辛，需要你的拥抱！
生活的硬仗，需要你的启迪！
那一天，我们才知道，
原来我们已经紧紧相连。
爱过，就会印在心里。
走过，就会永记心中。

幸好，

幸好这一天，我们没有错过；

幸好我和你，没有错过，

这辈子，值得！

一友即知己，一瞬即永恒。

感谢你，幸好有你！

幸好三周年，你就在这里！

我在为一知名企业做顾问期间，每月也有一天学习日，要组织一次高管学习，形式自然要不拘一格。去过武侯祠，讨论“诸葛亮是不是好领导”；去看过电影《寒战》，大家很新奇地、嘻嘻哈哈地走进电影院，观影后的讨论就很热烈和严谨了，这部影片折射了法治和人治、人品和能力、权力和权谋、方与圆、明与暗的辩证关系。

学习改变了我的一生，企业要体现学习的价值，就必须用最珍贵的资源——时间来表达了！

下文是我们编写的学习之行为标准。

1. 一级：谦虚开放，主动学习

①对于公司组织的各类培训和学习能够积极参与，并认真听取；

②养成记录下别人身上的闪光点的习惯，即便目前还做不到；认真聆听、理解对方阐述的观点；

③面对不懂不会的事情能够放下自我，勇于说不会、不知道，征询意见并请教别人；

④经常向有经验的人进行请教，学习其好的思想以及做法。

2. 二级：直接运用，学习落地

①善于将别人明确表述的经验和做法，应用到工作中；

②对于所学习到的知识能够有意识地去印证和运用，并进行相关反馈和改进。对于别人提出的建议不采纳时，能给以回执；

③经常让同事给自己提意见，并敢于在同事面前剖析自己的问题；

④别人提出的好的工作方法和建议，立即实践。

3. 三级：快速学习，领先工作

①当工作内容发生变化时，主动通过学习弥补自身欠缺的知识和技能；

②将个人学习目标和职业生涯规划相结合，并制定相应的学习计划；

③对别人明确表述的经验和做法加以调整修改，运用于解决不同的问题。

④对于工作中遇到的各类问题，能够向不同岗位的人请教，认真记录，寻求方法，整体把握。

4. 四级：灵活运用，融会贯通

①把所学的知识融会贯通，总结解决问题的经验、办法，并将其转化为自己的东西，用以当作分析问题并提出解决问题的有效方案。

②将公司技术平台已有的技术运用到新产品中，尝试用新方法解决问题。

5. 五级：提炼升华，不断创新

①在偶发事件或体验中，总结处理问题的方法和技巧，同时在实际工作中得到良好的运用。

②善于从自身和他人的经验中提炼出智慧，用于分析和指导他人工作；

③从宏观经济政策中迅速发现并抓住市场机会，进入新的岗位，根据工作情况，迅速调整工作思路。

学习，学习，再学习，终身学习——这就是我们赖以生存的学习时代。在这个时代里，如果享受学习，你将收获无限；如果抗拒学习，你将被淘汰！

法国牧师纳德·兰塞姆死后被安葬在圣保罗大教堂，他的墓碑上清晰地刻着他的手记：“假如时光可以倒流，世界上将有一半的人可以成为伟人。”有一名智者是这么解读他的手记的：“如果每个人都能把反省和学习提前几十年，便有 50% 的人可能让自己成为一名了不起的人。”

坐言起行

您的企业是否重视员工的学习能力？

您为企业员工提供了哪些学习渠道？

爱的格言

因爱而受苦，那就爱得多一点儿吧。为爱而死，便是为爱而生。

——维克多·雨果

第六节　合伙日：丰盛人生

为什么企业会消亡？而城市却可以永生？为什么短短数十年，深圳、上海，能从一个小渔村变成中国一线城市？在这个时代，你最大的命题，不是管理，而是开放；不是投资，而是链接；不是拥有，而是共生。一个好的组织，就是聚人、聚钱、聚资源！一切的聚，本质上是人！

对内，经营合伙人、事业合伙人、联合创始人、裂变合伙人，如何形成命运共同体？对外，资金合伙人、创客合伙人、联盟合伙人、版图合伙人、资源合伙人、渠道合伙人，如何形成价值共生体？在这个万物互联的时代，企业的最大课题是链接。链接的本质是合伙！

我们为企业家打造了一个合伙节！向企业家致敬，向合伙人献礼！

不是所有创业者，都可以拥有合伙的格局和胸怀！

而你做到了！

不是所有创业者，都拥有改变的勇气和涅槃的决心！

而你做到了！

是所有企业家都具有分享的大爱和使命！

而你做到了！

我们成功举办了第一届合伙节！主题是企业家精神！

向你致敬！干杯！

下文是合伙节的缘来缘起，诠释了合伙之大义、企业家精神的内涵，为你喝彩。

企业家精神——什么是真正的合伙节？

中华民族之所以源远流长，是因为和谐、和美、和顺的传统。

中秋节的意义就是“和”，家和万事兴。在古代徽商的窗户上，如果把荷花和螃蟹放在一起，代表和谐。把荷花和金鱼吹气放在一起，代表和气。把荷花和美女放在一起，代表是和美。

随着互联时代的来临，企业与企业的边界越来越模糊，这正是一个中合利他，互为主体的伟大时代。

无论是工厂、部门、员工，还是顾客，这是一个万物互联，万物共生的时代，我们在这么一个时代，是何其的幸运，又是何其的不幸，幸运的是，我们可以见证波澜壮阔的事业高峰。不幸是，如果我们不能适应这样的变化，我们将断然被这个时代所淘汰。我们必须具备“企业家精神”——推陈出新，颠覆过往，才能够创造新的商业奇迹。

这世界上有一种职业，叫企业家！没有下班和节日，没有后援和支持，没有休假和福利……

今年重疫之战，你从不言弃、星夜兼程，只因你肩负使命，初心不改。此时此刻，合伙节上，让我们共饮一杯，彼此相拥，泪光闪动！

共唱高歌共生，共创共勉共进，造福天下苍生，振兴中华经济。

在近十年的咨询生涯中，我们一路在求索，我们一路在跋涉，在今年，我们已经为 68 家企业订制 TOP 合伙人咨询案，感谢各位客户学长对我们的信任，我们一直在路上，我们不仅要做方案，更要帮助我们的学员合伙落地，让改变真正发生。

在近十年的咨询生涯中，我们不断提出股权激励的新思考和新系统，如 TOP 合伙人，T 就是三（three），O 就是组织（organizer），P 就是人（people）。合在一起，TOP 是顶尖的意思，TOP 是一个三角模型——道人法。第一个是道，哲学解决人心的问题。第二个是 O，组织解决人力的问题。第三个是 P，通过机制解决人性的问题。人心、人力、人性的问题，是企业最最根本的三大问题和三大支柱。

我们提出十大类全景合伙人的理论，包括上下游合伙、资源合伙、资金合伙、版图合伙、联盟合伙、裂变合伙、经营合伙、事业合伙、全景合伙、联合创始人合伙等等。

在本届合伙节上，我们将会有三大突破：

第一个：我们的课程和理论知识体系上的突破，给到大家全新的合伙工具和知识逻辑，让大家豁然开朗，洞见真实。

第二个：我们将会有游戏化体验化的学习，真实模拟案例，实战解决问题。

第三个：我们的合伙节将会迎来：2020 年十大咨询案例剖析，在合伙领域的深度洞见，我们所遇到的误区和痛苦，正见和策略究竟是什么？

为你洞见人生，柳暗花明。

合为合美，合为天下之大事。

一个字，要“合”。

1. 与天地合其德。

2. 与日月合其明。

3. 于四时合其序。

4. 与团队合吉祥。

思想之洞见，意境之深刻，意义之深远，荣誉之铭记。

匠合下一届合伙节期待你的到来。

您企业的合伙节如何开？第一要做合伙的宣导会，赋予方向感；第二要做合伙的授予会，赋予身份感；第三要做合伙的分红会，赋予成就感。

坐言起行

您的企业是否设置了合伙日？

____

____

爱的格言

人们活着是为了爱，这是生活的要旨。

——马克西姆·高尔基

第七章 七招齐心创大势

人力资源管理是企业的战略管理，重中之重，所谓造物先造人！对于人才运营，有七把利剑，就是招、选、用、育、留、考、梯，这七步流程与企业的文化和价值体系息息相关。文化落地是否成功，只在于人的改变，在于在团队显现出的三大力量！是为团队的“凝聚力、活力、战斗力”！

第一节　招人：海纳百川

在招人这个环节，九牧王给予了最佳的答案——“牧心者牧天下！”把裤子这个简单的产品做到极致，就是传奇！闽商多勤俭，智慧如林聪颖，用人品去感动人，用改变去影响人，用状态去征服人，用行动去带动人，用坚持去赢得人！

企业招人的时候应该主动体现自己的价值观，从而会使不符合要求的人知难而退，剩下的人里才能找到企业真正需要的人。在招聘广告中，就要体现企业的价值观。

当年黄埔军校在招生时，言：“一寸山河一寸血！”体现两重意思：第一保家卫国之决心；第二要立血誓，不怕死。如果你做不到这两条，趁早不要来！

有一次孙中山来黄埔军校上课，说：“大家好，我是孙中山。我要跟你们讲，革命党人打仗是有秘诀的。”大家问革命党打仗有什么秘诀，孙中山回答说：“我们革命党人打仗的秘诀就是——不怕死。”

另外，选拔人才时不要以学历为重，也不要以经验为主，而是选择有贤能的人，价值取向同企业相吻合的人。因为学历有时只是一块“敲门砖”，而经验有时也会成为阻碍人进步的“绊脚石”，所以，企业在招人的时候首先应本着公正、公平的态度。

我们在为一家企业招聘销售人员时，言：“如果你有自信、有韧劲、有悟性、有发自内心的微笑，来接受挑战吧。”这就是说，销售人员需要两大能力，第一是自我鞭策能力，第二是亲和力。

我们匠商会在欧莱雅实地游学时，交流其人才的标准，其解读是：富有胆识和想象力，富有创造力，同时具备实干精神。它需要面试者拥有诗人的思维，热爱时尚，并可以敏锐地洞察时尚和市场的变化；同时也要像农民一样实干，拥有好的想法并可以及时地付诸行动。所以，只要具备这些要求的求职者都可以来参加面试，欧莱雅重视的更多的是求职者在时尚、市场、营销各方面的综合能力。

在校企合作的招聘模式中，我们选择院校，务必要观察它们的学风：是懒散的，还是精进的；是开放的，还是保守的，以及和我们企业的价值观是否相吻合。

当年戚继光刚开始抗击倭寇时，士兵每战必溃。不是训练的问题，而是苗子的问题。哪里有不怕死的兵呢？在浙江苦苦找寻，终于发现义乌人打架不要命，加以严训，明生死，知荣辱，终建成“戚家铁军”。

企业只有找到与自身发展息息相关、符合企业需求、认同企业价值观的人才，并加以好好培养，才能为企业带来最大的收益。招人是企业人才链条上的第一个环节，也是至关重要的一个环节，因为招到怎样的人，将会决定你拥有怎样的团队。

分享我们匠合咨询招募咨询师的聚贤令。

有梦最美，希望相随！

是什么工作，能让你持续不断地成长？

是什么工作，能让你的思维不断的精进？

是什么工作，让你能和中国最主流的创业者共创共进？

那就是咨询师和学习顾问的工作。

如果你找到了一份工作，你这一生就不需要再找工作了，这就是咨询公司的工作，会让你从此拥有丰富的人脉、旺盛的智慧、深度的逻辑、全景的学识……

如果你渴望快速地成长，如果你渴望高弹性的收入，如果你渴望高品质的人脉，如果你渴望卓越的老师，那么，请你走进匠合咨询。

我们需要的是，年轻有冲劲、有学习力、人格正直、有独立思辨的你，

盛邀你加入匠合咨询！

创造一个精彩非凡、回味无穷的职业生涯。

我们致力于为你打造激情成长的事业舞台，

我们的伙伴从青涩的大学生成长为主持人、咨询老师。

我们有每周末的下午茶空吧，我们有每月的幸福欢聚活动，我们有每周的学习和运动状态。

如果你真的想要掌控你自己的人生，来接受挑战吧。

你需要一个机会，遇见未知的你，创造丰盛的生命！

坐言起行

您的企业最需要哪种人才？

您的企业在招聘流程中存在哪些问题，需要怎样调整？

爱的格言

被人爱和爱别人是同样的幸福，而且一旦得到，就够受用一辈子。

——托尔斯泰　俄国批判现实主义作家

第二节　选人：志同道合

企业选人就跟我们交朋友一样，所谓道不同不相为谋。人们会同与自己志同道合的人成为好朋友，企业也是如此。企业应该寻找与自己拥有相同价值观、拥有高尚的人格和优秀品质的人来为自己服务。这类人方能为企业创造更高的价值，使企业的潜能得到最大限度发挥，资源得到更充分的利用。

世界上最大的私立医院叫“梅奥诊所”，核心价值观是“患者至上”。梅奥诊所有上万名医生，甄选医生的时候，会招尊重患者、善待患者、有爱心的医生。有一天，一位腿脚不便的80岁老太太来看病，医生让她起来试着走几步，结果她不小心就撞到了这个医生了。老太太很幽默地说：“我们是在跳舞吗？”年轻的医生便回答说：“是啊，我们正在跳舞。”接着就像跳舞一样，挽着老太太的胳膊，在病房里面来回地踱了几步。她的孙子在旁边看到这一幕，非常感动。什么是医德？尽在于此！

匠合咨询强调为爱奋斗，油头粉面、不能吃苦的人坚决不要。日本企业选人强调“三自”：第一，自发（自动自发，“一日之计在于昨晚”，晚上计划十分钟，明日节省三小时）；第二，自治（自我管理）；第三，自觉（自我觉醒）。

很多企业家问我，企业的核心价值观是爱心，那应聘者的爱心如何判定和分析呢？我的经验是第一观其家庭、婚姻是否稳定，有无孩子，和父母的关系如何，是否住在一起；第二问其对前任服务企业和领导的评价，是否正面客观；第三问其做过最有爱心的一件事是什么。“最”这个字很关键，行为比语言有力，如有捐款或献血之举，此人多半可用！

匠合咨询会以人才测评问卷的形式来选拔人才，就像是古代的科举考试一样，每人发张试卷，但唯一的不同是它比科举考试更科学、更具价值。通过这个问卷，可以看出一个人的性格，以及这个人的价值观、动机、权谋、天赋等，从而根据公司的职位来推断出是否录用这个人。

美国人拍出来一部电影，被评为全球励志电影经典，这部电影的名字叫《阿甘正传》。阿甘，智商不太高，情商也不太高，但阿甘拥有高尚的人格，在越南战争的时候，他背着同伴，拼命地奔跑，救了很多人。这蕴含着美国人核心的思维模式：选人的时候，人格比态度更加重要，比能力更加重要。

伟大的企业都应该有吉姆·柯林斯所说的“宗教般的文化”。吉姆·柯林斯著有畅销书《从优秀到卓越》，他曾广泛研究过企业文化。宗教般的企业文化是一种自我精选。假如你做好了这一点，那么在你创建团队时，给新员工面试时，考核员工业绩时，企业文化应该一直都是关键因素。在选人时，你需要一直这样思考：这个人与我们的企业文化的相配度到底如何？

企业只有选对了人，才能为自身带来最大的效益。或许有的人聪明能干，也很有才能，但如果他自以为是，目中无企业，又有什么理由让他留下来呢？企业需要的应该是一种与企业价值观相匹配的人才。所以，企业在选人时一定要慎重，要找到那些与企业志同道合的人才，才能使企业获得最好的发展。

坐言起行

您选择的人才与企业文化是否相配？

____

____

当人才的思想与企业价值观出现矛盾的时候，您会做出怎样的选择？

____

____

爱的格言

你可曾想到，失去了爱，你的生活就离开了轨道。

——拿破仑·波拿巴

第三节　育人：心无旁骛

有一个关键问题需要提及——你如何让人们分享你的核心价值观？我们所知道的是，对于那些不认同企业核心价值观的人，真正伟大的企业并不会去试图转变他们的信仰；这些企业只会去接纳那些对于自身价值观具备认同倾向的人，然后令这种认同化为行动。

在阿里巴巴，“六脉神剑”价值观的培训是非常重要的，一定要把一个社会人塑造成“阿里人”，要让新员工根据公司价值体系编导出一个有意思的小品，在结训时演出。这绝对是个主动的、深刻的文化体验。同时考核六大价值观的五级行为标准，一个字都不能错。

由于管理类课程评分在华东区最高，我曾经荣幸受邀去阿里巴巴交流，为他们做内训讲师培训，所见所闻，教学相长，颇受启迪。公司之激情之活力，确实火爆。每个部门承包一块公司的地，来做企业文化职场的布置，工作一年叫一年橙（橙色），三年叫三年成（成人），五年叫五年陈（陈酿），职场中挂满条幅，如“爱过、恨过，2011 不能白过”“上班要疯狂工作，下班要微笑回家”。对于高管，阿里巴巴又多了三项要求，称为“九阳真经”，并且有具体的定义，见下表。

阿里巴巴的“九阳真经”及行为准则

九阳真经	客户第一	◎ 客户第一、员工第二、股东第三 ◎ 走近客户，了解客户，为客户解决问题 ◎ 建立并不断完善机制，确保客户满意
	团队合作	◎ 平凡人做非凡的事，领导者是非凡的；荣誉归团队，责任归自己 ◎ 建立以结果为导向的团队文化 ◎ 了解同事，信任同事，营建简单、相互信任的快乐团队

续表

九阳真经	拥抱变化	◎ 变化是一切机会的来源，要以积极乐观的心态采取行动，帮助变化成功 ◎ 理解变化背后的原因，永远以积极正面的声音传达公司的信息；带动团队也能够积极行动 ◎ 善于从错误中学习，持续改进
	诚信	◎ 心胸坦荡，清正廉洁，直言不讳 ◎ 对客户坚守承诺，对同事言行一致，对上级客观真实 ◎ 建立流程制度，保障组织健康，承担组织健康的职责
	激情	◎ 追求理想，使命驱动，“很傻很天真” ◎ 在诱惑下坚持使命，在压力下又猛又持久 ◎ 把自己的激情转化为团队的激情，积极影响感召团队
	敬业	◎ 热爱公司，热爱工作 ◎ 今天最好的表现是明天最低的要求 ◎ 在团队中营造学习和钻研的氛围，好好学习，天天向上
	眼光	◎ 会看，看到别人没有看到的机会，防止灾难 ◎ 会 Sell（销售），让大家参与进来 ◎ 有结果
	胸怀	◎ 领导者是寂寞的 ◎ 胸怀是冤枉撑大的 ◎ 心态开放，能倾听，善于换位思考
	超越伯乐	◎ 找对人：知人善任，用人所长 ◎ 养好人：在用的过程中养人，在养的过程中用人 ◎ 养成人：造接班人，鼓励青出于蓝而胜于蓝

阿里巴巴知人善用，并将其培养为自己所需要的人才。“九阳真经”的形成为阿里巴巴的员工们树立了一个正确的价值观，并不断地激励着员工们变得更加优秀，这就是阿里巴巴如今越来越辉煌的原因。

戚家军的军事培训，第一不是技法，而是心法。万科的企业文化教育也很到位。我有一次从家出门的时候，看见一名新保安正在背书，他说要准备考试。万科的一位一线经理说：“集团管控的核心部分非常清晰，文化、道德底线、价值观的管控非常清楚。这是集团从总经理到下面每一位员工，对任何人都一视同仁的。不管你的权力或者信任度有多高，在制度面前都是一样的。价值观就是道德底线的管控。每年年初总裁要宣讲，我们一线经理在年终自己也要讲价值观这门课。包括我到总部来，也还要把这门课再学一遍。这是最深刻的文化。”

刚加入企业的新人，学习的第一堂课不该是规章制度，不该是业务流程，应该是企业文化，我和团队的伙伴笑言：“不管你是绿色的还是黄色的，来到我这里，必须是金色的！”员工要打上企业文化的烙印。

有一次，我去参加一家企业的咨询会，一位高管义正词严地纠正了其新任经理人的一个词语，让我很意外也很难忘。她说：“你一定是才进入我们的公司，你没有了解我们的文化，没有流淌着我们的血液，你在形容我们的伙伴时，一直在使用‘业务员’这个词，这让我感到很刺耳，我们的团队里只有‘家人’！”

许多世界级企业，还要在培训时，融入员工对行业的痴醉和热爱，比如在安踏，强调每一个员工都要有运动精神；而在屈臣氏，注重员工对美容的热爱，许多男员工在美容方面都是专业高手。

联想的员工都有“入模子”教育，其目的就是让全员形成统一的思想，形成“平等、信任、欣赏、亲情”的做人风格、“认真、严格、主动、高效”的做事风格、“诚信为本”的道德观等一系列企业核心理念，培养高素质的联想人。

强生公司认为：“在你的组织中，让人们了解你代表着什么至关重要。在准备雇佣某个人之前，我们可以坐下来谈谈我们的信条。我们在公司做每件事时，都要谈论到我们的信条。我们在发表讲话时也必提信条。我认为，确认我们是谁，我们代表的什么，非常重要。让人们团结在信条之下极其关键。去强生集团在世界任何一处的分公司，你都会看到墙上以各种语言挂着我们的信条，这使得我每晚都能安稳入眠。因为我就此知道我们的所有员工都能够真正关注共同的企业核心、共同的责任，并且以我们为之自豪的方式投身到工作之中。”

我生命中去过最远地方做培训之企业是在银川固原的福苑酒店，到了银川还有四小时的车程，坐车坐得几乎要疯掉了。让我惊奇的是，福苑已经从一家六位员工的小饭馆成长为当地最大的酒店，秘诀就是每年都会请很优秀的老师（这是自诩吧）去讲课，整整讲了三天的课，和创始人白总伉俪成为很好的朋友。后来在运营课中，我们一起将企业文化落地，文化手册起名为《大爱福苑》，企业愿景高举高打，定为“打造百年品牌企业，传承清真美食文化”！白总说，企业文化第一课就由我来讲。白总曾经在健康上遭遇重大挑战，但凭借着家人的爱和其坚定的信念，今天早已痊愈，充满健康活力，她对生命的解读早已超越常人，释然大度，心怀感激！每次讲感恩文化时，员工的共鸣和“共振”无以复加，泪流满面！公司的人才观正是“人人是人才，人人能成才”。

育人关键在于育信念、育文化。有了强大的信念支撑和文化滋养，一切人才皆可炼成！

坐言起行

您的企业在培训人才时，是否看重企业价值观的培养？

爱的格言

爱和善就是真实和幸福，而且是世上唯一真实存在的唯一可能的幸福。

——列夫·尼古拉耶维奇·托尔斯泰

第四节　用人：携手共进

对于企业家来说，最重要的能力之一就是“能用好看似人品不好的人”。什么三教九流、五花八门，统统都团结在身边。要做到这一步，第一要设计源头的制度和规则，规范好人性的善和恶，引导好人性的功利和惰性；第二要恩威并重；第三要有爱。

关于用人，要清楚明白以下几点：

① 培养下属是项艰巨的工作，当然不会轻松；

② 我们的工资包括了对下属的培训费；

③ 指派新任务时，方法教 80%，另外 20% 要让下属自己发挥；

④ 用人的四种高效风格：民主、权威、亲和、培养；

⑤ 用人三方向：情感、利益、制约。

企业家需要明白，经营事业就是经营有能力的人！刘邦成就大业，皆因礼贤下士，重用、相信人才！他请张良为军师运筹帷幄；请韩信做大将冲锋陷阵；请萧何做丞相主理内务。项羽何以事业溃败，自刎乌江？皆因人皆反之。刘邦之得，项羽之失，虽皆有鸿鹄之志，然一个知人，一个不知，故用人无术者亡！

用人是用态度价值观与企业相吻合的人，还是用业绩优异的人呢？可能多数管理者会选择后者，毕竟这是市场为王的时代。我们把工作中遇到的人分为四种，在培训的时候，我们会讨论一个主题，就是：“这四种类型的人，究竟怎么使用？”

① 认同企业价值观，并能为企业创造利润；

② 认同企业价值观，不能为企业创造利润；

③ 不认同企业价值观，但能为企业创造利润；

④ 不认同企业价值观，也不能为企业创造利润。

很明显，大家都会觉得第一种人重用，第四种人禁用。但在对第二和第三种人的处理上，想法就开始出现了分歧。在第二种人的处理上，有人提出不用。

他们认为企业是以赢利为目标的，所以没有必要录用不能给企业带来利润的人；有人提出可以视情况予以录用，他们认为企业在用人方面不应太过投机，而应对员工进行适当的投资，他们认为自己培养出来的人会更可靠。在第三种人的处理上，大家意见的分歧更大。一般来说，一些领导级别的人会十分看重第三种人，因为他们会觉得这是人才，好好培养的话，可以为自己创造更大的利润，聪明人总是会雇用比自己更加聪明的人为自己办事；也有一些人认定坚决不予以录用，因为他们觉得这样的人太过有个性，不能自我牺牲。

在依霖公司的年终考核中，出现了五个有培养潜力却有待商榷的高管候选人，有三位业绩突出，但价值观与企业不一致，有两位价值观与企业一致，但业绩平平，这如何是好呢？创始人犹豫了很久，还是拿掉了前三者，因为越是高管，言行举止对企业的影响和杀伤力越大！

价值观好、业绩不好称为小白兔，是要干掉的；价值观不好、业绩好称为野狗，是要干掉的；两者皆普通，称为老黄牛，也是要干掉的；只有价值观高度一致、业绩优异的人，才是我们要找的人，称为猎犬！

用文化塑造人——人格；用制度改造人——纪律；用考核创造人——绩效！让员工成为一个有人格、有纪律、有绩效的人！

一个重视贡献、为结果负责的人，无论职位多么卑微，都是管理者。《卓有成效的管理者》一书中这样说：“组织有效性有三个方面：直接成果；价值观的建立与确认；培养与开发明天的人才。”也就是三件事情最重要：成果、文化、人才！有的管理者抱怨，老板不看重干实事的人。你的组织除了贡献直接成果，还贡献了什么？因此，如果让员工意识到，他需要对企业作出贡献、需要对企业的结果负责，那么这个人无论职位多么卑微，都有可能成为高层的管理者。

营销团队是最难打造的，虽然我是做一线销售管理出身，想到这个问题，也难免头痛！记得一次受邀去为一世界500强营销团队讲课，在休息室等候时，一抬首，猛然看见职场墙上的一副对联，凝视良久，心中凛然，泪水涟涟！这副对联只有奋斗过、痛过的人才读得懂："未曾殚精竭虑，不曾带过团队；未曾呕心沥血，不曾经历人生！"

坐言起行

如果让您选择，您会选价值观与企业吻合的人，还是业绩优异的人？说说您在这个问题上的理解：

____

____

爱的格言

如果一个人懂得幸福在于爱，那么他就会生活在爱的感情之中。

——列夫·尼古拉耶维奇·托尔斯泰

第五节　考人：再攀高峰

天下没有完美的员工，任何人都有惰性，都需要监督，因此，任何企业都离不开考核。考核可以使员工努力奋进、不断提升自我，提高工作效率，从而为晋升提供真凭实据。对员工来说，考核结果更是一个客观的评价，是对员工能力的一个鉴定。考核的方式多种多样，从中能够折射出企业的文化氛围和价值观。

丰田公司的考核准则是善待技术工人，尊重员工的劳动，他们认为员工没有绩效，是因为管理者的管理方法不恰当；而 IBM 则认为学历只是一块“敲门砖”，IBM 员工的薪金与员工的岗位、职务、工作表现、工作业绩等有密切联系，而与工作时间长短、学历等没有太大联系。

关于考核，我总结了“人力资源铁三角”，即职责、绩效、薪酬。职责是做什么？绩效是做到什么标准？薪酬是做好了有什么回报？那么“职责三角”是什么？工作重要性排序、量化、时间分配。“绩效三角”是 MBO（目标）、KPI（关键业绩指标）、KBI（行为指标）。“薪酬三角”是工资、奖金、福利。其中 KBI 是和文化（价值观）息息相关的。

我曾为南京地铁（全国地铁之标杆）培训过，交流时谈到其核心理念“三共（共识、共守、共进）”，尤以共识，方可共进，令我茅塞顿开！企业首先从高层的战略目标和价值观开始统一，方有行为统一！在上海交通大学，老师谈到绩效考核之关键“三同”——同向、同心、同步。两者异曲同工，都在说团队的基石：如何考核，为何考核。

想考核员工是否认同企业的愿景吗？有一个愿景考量表，供参悟。

认同愿景的员工	不认同愿景的员工
将组织的需要放在首位	将个人的需求放在首位
在同人面前关注和执行愿景	在同人面前我行我素
始终很贴切地代表团队	只代表他们自己
能扮演好他们的角色	误解他们的角色

在考核评估的时候，就要按照价值观为员工做考评。很多企业只考核业绩，不考核态度和价值观，这是很危险的。国际上通用的比例是三七开，态度三、业绩七，当然也有像万通地产这样用 50% 的高比例来考核价值观的企业。

设想一下，如果一个员工，仅仅产生业绩，从不配合领导，从不关心同事，从不注重尊重顾客，那么他做回来的业绩，也绝对是有问题的。

我们要将公司的绩效目标和价值体系密切结合，塑造员工正确的行为。

一家火锅店只追求翻台率，看起来业绩越来越好，但顾客越来越少。因为顾客还没吃好，服务员就来收桌子，希望你早点走。这就是由于错误的绩效目标，导致了错误的行为。

海底捞的KPI指标从来不考核业绩，而是客户满意度、员工积极性两大指标。客户满意了，才会回头，才会带来长期的价值，才会成就一家伟大的公司。

只有正确的绩效目标，才能引出正确的行为。

《原则》的作者达利欧说："任何事物都有初级价值和终极价值"，比如你吃烤麸，初级价值是很甜，也很满足，但是终极价值是你的体重会变重，你的体脂、血脂会增高，这就是终极价值。

因此当我们做出决定的时候，千万不能短视，不能狭隘，不能只看重短期价值，一定要关注长期对你的生命，对你的企业长久意义的价值，比如说人才的建设、心理的建设、产品的研发……

华为公司正是通过《华为基本法》来保障公司价值观的落地，比如拿出公司营业额的 10% 来做研发，体现客户为本的价值观。

一切价值观都必须通过行为和绩效来显现。

许多优秀企业都有价值观的行为评估，通常业绩占 70%，价值观占 30%。

匠合咨询经过数年的沉淀，终于形成了自己的核心价值观，围绕凤凰精神，提出了五大价值观：雪凤凰——诚正坦荡！彩凤凰——为爱奋斗！火凤凰——不断更新！蓝凤凰——成就客户！金凤凰——相互喝彩！

那么，如何评估呢？必须有一套清晰的行为标准，下文供你借鉴和思考。

◇ 雪凤凰：诚正坦荡！光明主义

0分　弄虚作假、徇私舞弊、承诺不兑现，表里不一。在资料、言行上造假，造成同事、客户投诉。

1分　言行一致，兑现承诺。表里如一，内心坦荡。

2分　诚实守信，受到公司表扬和客户嘉奖；诚实守信成为团队标杆。

◇ 彩凤凰：为爱奋斗！心流主义

0分　遇到困难轻易放弃。不能完成公司规定的工作量。结果不好，总是找客观理由。迟到、早退、调休，单月累计超过三次。

1分　以爱为源，挑战工作。自我反省，愈挫愈勇。

2分　抗住挑战，逆风飞扬，成为奋斗者的代名词，带动团队永不言败的氛围。从无调休、迟到、早退现象。周末节假日从不推诿工作。

◇ 火凤凰：不断更新！专业主义

0分　工作拖沓，没有任何改善，拒绝学习。从不运动，体能滞后。

1分　善于学习，工作有优化，有改进。有运动的好习惯，体力有保障。

2分　能主动学习，并将学习内容运用在工作之中，产生工作成效。能在心灵、情绪、体力、智力四个维度上不断更新，心灵纯美、情绪中正、体力充沛、智力敏锐。

◇ 蓝凤凰：成就客户！极致主义

0分　推诿客户，责难客户，不能完成客户的承诺，遭到客户投诉。

1分　关心和守护客户。准时完成对客户的承诺，交付客户满意。

2分　创造“哇”的服务。守护客户改变，高效率完成对客户的承诺，受到客户的赞誉和表扬。能建立客户的影响力中心。

◇金凤凰：相互喝彩！团队主义

0分　斤斤计较，因为个人利益影响团队合作。背后议论同事，和伙伴语言口角，造成团队负面影响。

1分　不算小账，大度付出，关心同事，为伙伴点赞。

2分　胜则举杯相庆，败则拼死相救。于同人困难时出手相助，助其走出困境。主动引进人才和招聘，传承和带教下属和同事。

因此，在企业经营过程中，领导者在业绩考核上绝对不能放松，当然也不能只考察成绩，而忽视愿景、价值观等企业文化方面的考核。只有这样，才能让考核达到预期的目的，才能让企业再攀高峰。

坐言起行

您的企业对员工的考核标准是什么？

爱的格言

聪明的人爱得多，说得少。

——阿尔弗雷德·丁尼生　英国诗人

第六节　留人：心心相印

人在受伤的时候，是止血重要，还是输血重要呢？很明显，是止血。国际人力资源协会有个数据：46%的员工离开一家公司是因为他们觉得自己未获赏识；61%的员工说老板未对自己给予重视；88%的员工说他们不曾为自己所做的工作获得他人感谢。核心在于缺乏爱和赏识。

有句话说得很好：“留住你的人，没有留住你的心！”要想留住员工，就要留住员工的心。可是有很多企业没有这样去做，甚至有些企业老板只是简单地把员工的离职原因理解为人各有志，而不去思考员工离职的真正原因；还有些企业老板认为员工走了是一种背叛。可是，如果他的心自始至终都没有属于过公司，又何谈背叛呢？正所谓没有追随，就没有背叛。人在一起是团伙，心在一起才是团队。

我们匠合咨询的伙伴如果入职三年，将会收获一封恭贺信。这是极具力量的一封信，让感动时光永驻心间。这封信的名字叫《凤凰行》。

【凤凰行】

那一天，你选择了匠合！

那一天，你选择了梦想！

那一天，你选择了成长比成功重要！

三年，是将心注入；

三年，是如梦年华；

三年，是高歌痴醉！

三年很快，却是你生命中极其丰富嘹亮炽热的时光！是一千多个滚烫激情奋进的日夜！

三年

是你诚正坦荡的光明之旅；

是你为爱奋斗的心流之路；

是你成就客户的极致之乐；

是你相互喝彩的成就之梦；

是你不断更新的专业之峰！

是我们热泪盈眶的岁月，是我们泪光涟涟的幸福！

欢迎你，欢迎你踏入青鸾俱乐部，三周岁生日快乐。

感谢你的付出、鼎力、投入！

你从青涩走向成熟，从成长走向成就，谨以凤凰戒指一枚，向你致以深深的敬意。

戒指是一种戒律，是一种勇气，是一种承诺。象征着一个部落和团队，一种决心和勇气，象征着我们彼此的守护和担当，代表着我们欢乐和缤纷的时光。

我们以你为荣！我们以你为傲！让我们传承凤凰精神，活出火凤凰般涅槃的生命，丰富、体验、多元！绚丽、多彩、绽放！

爱没有改变，一切都不会改变！

让梦想真正实现，让改变真正发生！

企业老板只有同员工做到有效的心灵沟通，并抛开自己的成见，站在对方的角度去看问题，与员工达成共识，才能使员工心甘情愿地为自己工作。如果企业在留人的问题上总是从自身出发，以自我为中心，什么都是优先为企业着想，而忽略员工的需求，那么，员工的“背叛”也是很正常的一件事了。

要想使企业得到良性的、可持续发展，就要留住一些贤能、忠诚、实在的人，一定要杜绝使用那些阿谀奉承、言行不一的人员，否则，企业就会陷入绝境。

让员工成为企业的主人

“我是谁”，就是要让员工知道，我是企业的什么人——是企业的主人，还是企业的客人。心理学有一句话叫作“身份决定价值观”。我是企业的一个打工仔，我就无所谓；我是企业的老板，我就不一样。企业里面最努力的永远是老板，老板为什么最努力呢？因为老板的身份不一样。老板知道自己是最后一道防线，自己如果没挡住，这个企业就不行了，他的态度跟责任感是完全不一样的。但是员工就无所谓了，员工觉得这事情，能做的就做，不能做的就稍微放一放，有一句话叫作“员工可以跳槽，老板只能跳楼”。

作为一个企业来讲，要深刻地让员工知道，他也是企业的一分子，他也是企业的重要的组成部分，他也是企业的管理者。毛泽东说了，我们中国的广大人民群众，我们所有的无产阶级，都是新中国的主人。人民军队中的每一位战士都认为，自己是穷苦人队伍的一分子，自己是人民的儿子，有了这个身份，就有了非常清醒的自觉。

如何让员工忠诚与奉献？惠普的做法是：

①给员工学习的机会，让他们能够持续不断地成长，为个人也为企业；

②给员工做事的机会，让他们能够充分展示才华，赢取事业成就感；

③给员工晋升的机会，让他们承担更多更大的责任，实现个人价值；

④给员工赚钱的机会，让他们能够拥有更高水平的物质生活条件，后顾无忧。

海底捞的人力资源价值主张是：“双手改变自己的命运，每一个人都是企业的管理者。”我和拥有上千家店的富桥足疗的郭老板在饭桌交流，他一端起酒杯就说：“企业是大家的。”在富桥，员工每月存一些钱，三年有一定积蓄便可以成为门店的合伙人。这样的机制，已经列入了员工手册。

充分满足员工的需求

对于充分满足员工的需求这一点，华为公司做得就很好。华为从三大方面留人：

1. 全员持股

华为以“全员持股”的特定激励政策来满足员工的需求。也就是说，只要是努力工作的员工都可以得到丰厚的工资，并可获得可观的股权分红。这样做可以大大激发员工们的积极性。

关于员工持股，我推荐你阅读我们匠合的研究专著《股动人心》和《股权36计》，这两本书是为真正有格局的企业家而准备，一定让你豁然开朗，将团队打造成命运共同体和利益共同体。

2. 团队第一

华为重视团队合作精神，鼓励员工进行团结协作，集体奋斗。人人平等、互相帮助、团结友爱的工作氛围可以充分满足员工的归属感与社交需求。

3. 前景诱人

华为良好的发展前景与双向晋升渠道可以满足员工的自尊需求和自我实现需求。

按照马斯洛的需求层次理论，华为充分满足了员工们的生理需求、安全需求、社交需求、尊重需求和自我实现需求。所以华为只用了十年的时间就从一家小公司发展为拥有自主开发产品与核心技术的知名跨国公司。

如果企业都可以做到像华为这样充分满足员工的需求，就会使员工愿意留下来并努力地为企业工作。企业一定要记住：有舍才有得。如果企业只是贪恋自身发展而不顾员工的需求，那么，最后只会是人去楼空，严重威胁着企业的生存。

爱的企业，爱人成人

在美国的时候，我去乘坐了久仰大名的西南航空公司班机，接待我们的空乘人员都面带微笑，公司的品牌标志中间是一个红色的爱心。美国的飞机没有水更没有餐，要是再没有爱，就真的令人绝望了。

西南航空公司连续多年高居《财富》“美国100个最佳的工作场所”榜首的位置。1992年对美国航空业来说是黑暗的一年，整个航空业损失了30亿美元的营业收入。但是西南航空公司在1992年却赚了 9100 万美元。同时它在美国整个航空业低迷的情况下，连续 31 年持续获利，并且保持着两位数的高速增长。美国交通运输部以公文的形式嘉许了西南航空公司所创造的奇迹，称之“改变了整个美国民航业的竞争图景”。而西南航空公司创造这一切的原动力，就是爱。

西南航空称自己是“爱的航空公司（the love airline）”。该公司在 1992 年和 1993 年连续两年被评为全美国顾客满意度最高的航空公司。有人问一位西南航空公司的员工：“你工作最大的乐趣是什么？”他回答说：“我想大概是每天来上班吧！”这可以说是美国西南航空公司几乎所有员工的心声。该公司的前任总裁赫布·凯莱赫说：“大部分时间我都在工作，工作是我的嗜好。如果你喜欢你做的事，你就不会有压力，而每天都是愉快的一天。”

从西南航空公司成立一开始，它的口号就是“爱”。他们称三角形的航线为“爱情三角区”，称位于达拉斯的总部为“情人地”；他们的宣传语是“如今，还有别的人爱你”“那儿还有一个人在爱你”。所有机上用品都被印上了“爱”的标志，空乘人员轻轻吟唱着“西南航空将我带向你”。对此赫布·凯莱赫坦陈自己的经验说：“我告诉员工，不要担心利润，只管为客户服务，利润就是服务的副产品。如果你创造了一个环境，使大家真心想参与进来，你根本不必进行监督和控制。只有人才才是最重要的，你怎么对待他们，他们就怎么对待外面的人。”

人性是自我的、趋利的，且记家事大过国事，先让员工为自己的幸福而工作，要用“兵家”之奖赏；人性有美好的、光明的一面，渴望连接、爱人与被爱，故提倡“儒家”之“仁义礼忠孝”；人性是懒惰的，所以制度是底线，用“法家”去规避和约束。

坐言起行

您的企业偏向于留用哪种类型的人才？

您的企业用以留人的手段有哪些？

爱的格言

在这个世界上，人们对爱和感激的渴望，远胜于面包。

——特雷莎修女　世界著名的慈善工作者

第七节　接班人：江山永续

企业能否长盛不衰，关键在于是否“为有源头活水来”，联想这几年的势头明显强于昔日与之齐名的其他企业，其接班人杨元庆和郭为功不可没，柳传志几番复出力挽危局，对后进提携之用心、雕琢之啼血，可见一斑！

对于接班人，要注重三个方面：第一是能力，第二是潜力和成长性，第三当然是价值观吻合。惠普公司的前任 CEO 卡莉之所以下台，就是忽略了惠普的传统——以人为本。

中国太多的第一代企业家就要到交班的年龄了，但上一代人吃苦耐劳、坚忍不拔的精神可以传承吗？现在“富二代”的宝马横冲直撞，戴着百达翡丽的手表就会更有效率吗？拿着万宝龙的笔可以妙笔生花吗？当年“白天当老板，晚上睡地板”的精神还健在吗？由俭入奢易，由奢入俭难呀！这是个艰巨的问题。传承的当然不是财富，而是理念，不是物质，而是精神。

当年曾国藩在担任三省巡抚时，每天其夫人在家中还要纺线。家里面只有一条绸缎裤子，李鸿章宴请时，两个女儿还在打架争夺这条裤子。曾公说：“不要吵了，明年我若留任，就再买一条。”这种朴素之家风极大地影响了后世，曾国藩两百多位子弟无一纨绔子弟，其曾孙担任上海总商会会长，更劝人行善积德，著有《保富法》，其实就是看透财富，散尽家财，平安吉祥。

王安电脑——一个曾经的全美 100 强企业，为何倒得如此快？当然有产业趋势把握不清的原因，但更关键的是高端人才出走过多，因王安先生的公子过分强调竞争而不是合作，此一价值体系的破碎为致命！

王安电脑公司创始人、美籍华人王安是个传奇人物。他自小就有非凡的想象力和创造力，他创办的王安电脑公司曾经叱咤电脑业，年营业额曾高达 30 亿美元，属下员工超过 3 万人，旗下产品迅速占领市场。他本人也曾经以 20 亿美元的个人财富名列美国第五大富豪，并成为第一个进入美国“名人堂”，与发明电话的贝尔、发明电灯的爱迪生等人齐名的亚裔科学家。

好景不长，20 世纪 80 年代末期，王安患上绝症。1986 年 11 月，出于对儿子的期望以及“虎父无犬子”的心态，王安任命 36 岁的儿子王烈为公司总裁。王烈资质平庸，能力有限，又不熟悉业务，管理层和董事会对这一决定大为失望，许多追随王安多年的高层管理人员和销售精英愤然离去，接着又有数名骨干辞职，王安电脑公司元气大伤。

此外，在最后关键的几年中，王安电脑公司丝毫不重视与合作伙伴和顾客的合作。为了最大限度地获取利润，王安公司大幅度提高了维持电脑运行所必需的更换软件的费用，并且规定无论谁购买了其公司的大型微机，都必须支付高达 5000 美元的费用，但事实上，这项费用只需 1000 美元。当合作伙伴和顾客因为技术方面的问题咨询王安公司的工程师时，王安公司也要收取高达 175 美元的咨询费……

凡此种种，大大地伤了合作伙伴和顾客的心。这种只顾眼前、榨取合作伙伴利益、忘记顾客的做法，最终也导致了无可挽回的后果。1990 年 8 月 18 日，一个震惊华尔街、震惊世界的消息从王安电脑公司发出——王安电脑宣布申请破产保护。

企业领导文化传承自我测评表

对于“让企业文化成为重要共识”的以下各项进行自我评价	做到程度
1. 我经常谈到企业文化，将其当成我们成功的推动力	
2. 我为我的团队创造了一些共同经历以支持和发展企业文化	
3. 我对待团队成员的方式使他们每个人都认为自己很重要	
4. 我努力保证自己做到言行一致	
5. 我坚持要团队为符合企业文化蕴涵的原则负责	
6. 我将企业文化贯彻到人力资源管理中	

不管我们是否愿意承认，每个高层管理人员的管理生涯都是有限的，每个

企业也都会面临接班换代、甄选企业接班人的问题。纵观古今中外，选人重于一切！而只有那些能力上出类拔萃、发展潜力上不可限量，并且和企业具有共同价值观、文化特质的人，才是企业最需要的后继领导人才，也只有选择这样的人，企业才能实现真正持续、强劲的发展。

关于系统的人力资源体系，我推荐你阅读我们的研究专著《合伙时代》，这本书是为高绩效团队而打造的。

坐言起行

您的企业是否已经选好合适的接班人？

您的企业选择接班人的标准和考量有哪些？

爱的格言

爱，不是一种无须花费精力的享受，爱是一门艺术，它需要知识和努力。

——埃里希·弗洛姆　美籍德国犹太心理学家、哲学家

第八章

八方宣贯明心志

宣贯之力度，决定水的深度，再好的理念，贵在沟通！毛泽东同志说：要“互通情报”，就是说要把彼此知道的情况互相通知、互相交流。这对于取得共同的语言是很重要的，所谓从群众中来，到群众中去！企业如果是宗教，客户就是信徒，员工就是传教士！传教士的人选非常关键！传道的八大方式是核心！

第一节　领导传道：高瞻的政委

改革开放伊始，中国要设特区，我们最大的争议不是制度，而是观念！小平同志的许多至理名言打消了大家的争论和顾虑，比如："发展才是硬道理""不管白猫黑猫，能抓住老鼠就是好猫""让一部分人先富起来"，等等。所以说人才的背后是机制，机制的背后是文化和观念。有了改革开放的理念才会有特区，有了特区的机制于是有招商银行、平安保险、华为！企业治理亦然！

经营企业，有三重境界：第一是经营财物——为财物而战，财物聚而人聚；第二是经营事业——为事业而战；第三是经营精神——为精神而战！任何企业家，最后跟人比的就是经营员工的精神世界，一旦员工进入精神世界，想走也走不了。

在明基公司，企业文化这堂课要邀请其母公司宏碁的创始人、著名企业家施振荣先生来讲。何为企业四大价值观？纪律、效率、执行力、战斗力；何为创新？施先生说："再好的戏，听久了听众都会腻的！"新员工好激动，其实不用听，看一眼创始人，就明白了明基文化！

成功的领导者总是能够认识到企业价值观的重要性，会有意识地做下面这五件事情：

第一件，把一套正确、合理的价值观系统、明白地讲给整个组织或团队，使企业整体能够理解，并确保执行；

第二件，与时俱进、时刻思考，会根据变化对这些价值观进行调整，以确保企业预期目标的实现；

第三件，在他人进行决策和行动的时候，会鼓励他们遵守这些价值观；

第四件，以身作则，为员工树立榜样。领导者站在那里不动，扑面而来的能量，叫气场！领导者举手投足的动，令人心悦诚服的状态，叫磁场！领导者和员工之间的互动，将心融化的氛围，叫道场！

第五件，积极、乐观地面对那些持不同意见或者抵制公司价值观的少数群体，友好地处理那些因为价值观不同而出现的问题，并让这些人心服口服地改变自己固有的想法，服从企业的价值体系。

一个企业的一把手如果不身体力行地宣贯企业的文化和理念，请问谁还会说？张瑞敏认为他就是企业的牧师！任正非先生说：企业精神必须坚持讲，就像老太太的裹脚布一样，又臭又长，这就对了！

2020年新岁，我创业三年，心意难眠，在老家写下公司的新年贺词——《火凤凰·2020—2021追梦之旅》。谨将真实文字呈现，共享爱和希望的力量。

各位亲爱的匠合咨询伙伴：

感谢大家一年来栉风沐雨的奋斗，

感谢大家一年来拼搏在第一线，多少挥汗如雨！多少可歌可泣！

那是一天天起早贪黑的夜晚，

那是一场场会务的硬战，那一个个心神投入的咨询案，让我们泪光闪动！

感谢有你！

因为有你们，我们的企业家同学们，有希望、有陪伴、有捍卫。

回首这一年，公司在三大维度要作出总结：

第一个：关于财务和客户指标。

总体来说，两家公司都是盈利，财务目标基本达标。

我们更要深刻总结的是客户指标，新的一年我们继续弘扬蓝凤凰精神·成就客户，创造“哇”的服务，让客户感动，我们要深刻地理解，我们要想活下去，我们必须创造感动服务。

今时今日，客户已从过去培训的需求逐渐升级为对咨询的需求，咨询案的需求量非常之大。在客户服务方面，我们做了近90个咨询案，要感谢销售顾问全力守护，对客户需求深度的把握，反复多次的深度沟通，永不言弃，你们是公司的骄傲。滕总、杨磊伙伴在扬州拜访客户，大雪封路，晚上七点多钟沿着大雪一步一步走到客户那里，归来已是深夜。廖总开车到三台，一开就是好几个小时，服务从来不辞劳苦。

感谢我们的咨询老师南征北战，一个个挑灯夜战，穿梭在机场、高铁，这需要极大的心力、脑力、体力。咨询老师都是奋斗精神的标杆，你们意志坚韧，敏锐思考，受到客户的交口称赞，你们是公司的脊梁。

感谢我们的后勤保障部门，谢峰伙伴常年在加班，感谢丽强、彤彤、海悦、刘静的付出，钢铁保障，团队至善。

第二个总结的是：我们的产品。小结三句话：内部合伙深入化，外部游戏成果化，行业定位专业化。

内部合伙深入化，我们内部合伙更具成熟，有非常多的成功案例。同时，在内部合伙如何生根落地?

如何做好经营分析会?

如何打造合伙人标杆?

如何焕发合伙人的绩效改变？这是值得我们持续研发的重点。

外部游戏成果化，外部无限游戏是一个大趋势，我们在经销商合伙、融资合伙、创客合伙一系列的咨询案，已经贡献出惊喜的改变数据，要持续精进。

行业定位专业化，战略就是忽略，战略就是聚焦，我们的产品越来越趋向于行业化，目前在外贸行业和服装行业有所建树，下一步要更加聚焦于连锁行业。

我们产品的品牌定位是“更懂人的合伙人设计”。文化唤醒人心，体系引爆人才，机制激活人性。我们的专业背景是文化、人资、合伙三合一，品牌口号是：“我们更懂人，合伙一定成！”“合伙不合人，合啥也不成！”

第三个，在团队建设方面，是我们最不容乐观的方向。

重点打造三件事：业务流、招聘、培训。

2020 年上半年，由于疫情影响，我们的经营也受到极大的影响，可是国家有难，岂能袖手旁观，我们也为武汉红十字会捐款五万元，位卑未敢忘忧国。

下半年大家一直在全力以赴，扭转乾坤。感谢大家一年来的奋斗和辛劳。

新一年，我们的关键词是十二个字：线上融合、产品扎根、团队强大。

线上一直是我的短板，因此我们必须在直播、短视频上迎头赶上，要加快步伐，要建立相关部门，形成线上线下的融合。

产品上要扎根，要进行深度研发，每个月要开咨询复盘会；每个季度要开全国级的咨询复盘会，形成高水准的咨询产品。

强大团队，永远以假修真，假的是业绩，真的是团队。牢记以事修人，用事情来磨炼我们的心性和成长，真正成为一个独当一面的高手。

相信匠合咨询的每位伙伴在2021年实现我们心中所愿，全然地投入在你的工作中，享受你的工作，创造你生命的奇迹，拥有无限的延展性。

任正非说："蓬生麻中，不扶自直。一定要加强学习，为什么技能要输给别人，失去自己可以获得的机会呢？今天你们桃李芬芳，明天就是时代的栋梁，要肩负起蓬勃振兴的重担。不要辜负了时代对你们的期望。

沉默不是懦弱，忍耐不是麻木，善败者不亡。青春泣血，生命绽放光芒。我们正处在一个伟大的时代，同时又遭遇百年闻所未闻的风暴打击。翻滚的黑云，夹着电闪雷鸣、山崩地裂般地席卷我们。我们一时惊呆了，手足无措。当我们清醒过来，要像海燕一样，迎着雷电，迎着暴风雨嘶叫着飞翔，朝着一丝亮光，朝着希望，用尽全身力量搏击，奋斗，前进，再奋斗，再前进，嘶喊着胜利。岁月不负有心人。"

深深祝福，让我们携手共进，乘风破浪！

坐言起行

您对企业的文化和理念是否已有较为深刻的认识？

您怎样传播企业的文化和理念？

爱的格言

爱是世界上最强大，同时也是最不为人所知的能量。

——德日进　法国著名哲学家

第二节　讲师传道：虔诚的传教士

以前看了一些书，讲述的是一些欧洲的传教士为了传播上帝的福音，坐着帆船漂洋过海，将欧洲先进的文明带到了很多荒蛮的地方。为了理想，很多的传教士献出了自己宝贵的生命。

心灵净化会让我们每个人不断提升自己的境界，如果我们每个人都有一颗宽恕别人的心，都有一颗爱人如己的心，这个世界是否会更加纯洁可爱呢？

西方宗教的仁爱之道和中国圣贤的孔孟之道中都包含我们每个人内心最渴求的甘露。唯有信仰才能唤醒大家沉睡的心，使大家清楚地知道自己正在做什么，做法是否正确等。

企业要有一个信仰坚定的内部讲师团，管理者更要学会演讲，用来做专业技能和价值观的培训。前者解决水准的问题，后者解决态度的问题。

演讲是一辈子必备的武器，奥巴马因为演说《无畏的希望》，赢得掌声与拥戴；林肯因为葛底斯堡的演说，成为伟大的总统。我曾经写过一本书《演说的秘密》，探究演讲的秘诀。其实演说就是“三放”工程：放下面子烦不了、放飞情绪全忘了、放开肢体不得了！

总裁为什么要学演讲？一，成功的标志！二，魅力的象征！三，主流的符号！四，上流的外衣！五，神圣的工具！六，神奇的源泉！

我曾研发过一门《五行演说》的课程，我认为能让人产生共鸣的演讲应该是流动和驰骋的状态，一篇好的演讲要有五大力量：土是我们的思想和逻辑——穿透力；金是我们的信念——影响力；水是我们的爱心和感动——感召力；木是我们的乐观和幽默——生命力；火是奔放的热情——激活力！

土生金、金生水、水生木、木生火、火生土。逻辑说服自信，自信影响感性，感动凝结幽默，乐观共鸣热情，热情促动理性！

在台上演讲、培训时应该讲的主题，一个是有能力讲的，因为自己有成绩可证明；另一个是有兴趣讲的，因为自己有生活体验！

培训有三重境界：第一理性与感性俱备；第二实战与感动交汇；第三形神

与内涵融合！

部队有指导员和政委建制，就是在做思想工作。在阿里的人力资源管理体系中有一种精髓叫作“政委体系”，堪称是业界中的典范，其“政委体系”的价值在于：

第一，内涵：“将”“帅”有别，人尽其才；抓人心，放业务。

第二，四大职能：业务部门的合作伙伴；人力资源的增值；文化和价值观的诠释、宣导、传承；员工和企业的桥梁、纽带。

佛家云，“财布施不如道布施”“法布施为无上布施”！

语言是有能量的。许多智者经常以一句话帮助人改变一生。我们不奢望达到智者的境界，但是，却可以考虑每一次对人说的话都可以令对方的能量增加。除非是有深意的打击或伤害，真诚的鼓励、肯定、支持语言都会增加对方的能量。只要心中有爱，加上一定的技巧，我们就可以做到，成为爱的“流通管道”。

十多年以前，我还是国寿的专职讲师，新人培训的第一课是“锦绣前程”，第二堂课就是“企业文化”，之后我被公司的一首为讲师而作的小诗感动：

培训者是荣耀的！

学习者是愉快的！

工作者是美丽的！

下面分享一个我们在“培养指导”维度的三级行为标准：

1. 一级：了解下属，正确定位

①对下属目前特点、性格、优势以及成熟度有比较深入的了解，对蕴含在其身上的潜能和未来前途有肯定的预测和评价；

②共同制定下属职业生涯规划；

③善于运用情境领导；

④相信他人有主动性，并且有能力学会或改进工作，对他人取得；的正面成绩或进步行为表示公开赞扬。

2. 二级：传授方法，明确思路

①提供可传承的观点；

②进行详细的指示或是给予示范，告诉别人完成某项任务的具体

步骤，提出明确有用的建议；

③通常能够针对个体不同的特点，采用不同的指导方式，使其掌握完成任务的具体方法。

3. 三级：分享经验，坐言起行

①在做指示或示范时，愿意与他人分享成败的经验，提供为什么要采用某种做法的道理，帮助他人理解以强化培训效果，并利用提问题、测验或其他的方法来判断他人是否理解，以协助其顺利完成任务；

②为下属的工作提供具体的支持和帮助（例如主动提供有用的工具、有价值信息和资源条件支持等）。

"师者，所以传道授业解惑也"，企业中的讲师团队存在的意义正在于此。也只有做好了传道、授业、解惑这几方面的事情，企业讲师团队才能既解决员工的专业技能水准问题，又解决他们的态度问题，继而帮助员工不断走向卓越，推动企业不断发展。

坐言起行

您的演讲技巧如何？有哪些可以改进和提升的地方？

爱的格言

我不知道人类是否会有意识地按照爱的法则办事，但那个问题并不会困扰我。无论我们接不接受，爱的法则依然运作，就像重力法则一样。

——莫罕达斯·卡拉姆昌德·甘地　印度民族解放运动领导人

第三节　教练传道：前线的教官

教练不同于老师，老师是语言的传道，教练则是身先垂范，行胜于言，最好的管理者首先是一名教练！在最新的管理学革命著作，比如《第五项修炼》《管理的终结》《管理就这么简单》中，有让管理消亡，让“教练”取而代之的说法，许多500强的企业已提出建立“教练文化”的口号。

“教练”一词起源于体育界，由添·高威引入商业管理界。在一次示范中，十分钟教会一个不会打网球的胖女人学会了网球，添·高威说：“我并没有教她网球的技巧，我只是帮助她克服了自己不会打球的固有意识，发现了她的心。”

通过教练来发掘人的潜能，已成为当今企业的一种有效管理策略。它可以为企业创造出良好的经济效益，帮助管理者提高企业的执行力，促进团队效能得到最大限度发挥，并创造出一个高绩效的工作环境。

那么，什么是教练呢？教练是一种有效的管理工具，能使被教练者洞察自我，发挥个人的潜能，有效地激发团队并发挥整体的力量，从而提升企业的生产力。教练作为一种工具，能使人们的心态更加积极、主动、乐观、自信，提升人们的领导能力、管理能力以及与人交往的能力等。

GE就非常重视教练式领导。“伟大的领导人，是最伟大的教练”，杰克·韦尔奇曾这样说过。事实上，在“教人”这件事上，杰克·韦尔奇也的确付出了很多精力。很多时候，韦尔奇都会亲自上阵，让员工大胆地说出自己的想法，在这种教导下，GE内部逐渐形成了“尽情地咒骂、猛烈地抨击，也丝毫没有顾忌”的宽松言论环境。正是在杰克·韦尔奇的这种教练式领导下，GE不仅打造了一支精锐的经理人队伍，还培养了上百位的著名CEO。

我在北京研修“NLP教练技术”的课，也体验过专业的国际教练技术MCC的十二天课，启发很大，以下便是我的体会与收获：

① 觉知你的身体，空，没有思绪，不挥霍精力，专注于呼吸；
② 想象未来成功的大画面，我的奇迹，发现自己的才能和性格；
③ 目标可以更多（可能性），可以更少（焦点），可以不同（唯一）！

宏碁集团创始人施振荣也非常推崇教练式领导。他曾在 1990 年提出计划，要在 1997 年前培养出 100 位可以独当一面的经理人，1991 年他又提出“群龙计划”——安排各分公司的高级管理人员到总部上课。在这次培训中，他不仅安排著名的管理专家担任主讲，而且他本人也亲自向各级高管们传授了自己的管理经验。

不仅如此，施振荣对员工的教练式领导还表现在他总是能将企业的愿景和员工的工作结合起来，来激发员工的主观能动性。

在回忆宏碁创业初期的情况时，施振荣讲到，早期宏碁的薪水不高，甚至在同行业中处于下等水平。但是，施振荣并不避讳这些，新员工来公司应聘时，他总是将这些情况都据实以告。更重要的是他会告诉应聘者：“宏碁能不能活下去，我也没有把握。但我相信只要你努力，即使宏碁倒闭，到处都会要你”。

当然，施振荣这样做并非没有目的，他认为，大的愿景虽然可以起到很好的鼓舞作用，而企业也确实需要一些能够“自讨苦吃”的员工来共同参与建设。

此外，施振荣的教练式领导还表现在他总是能够在具体的工作中，将大的愿景分拆成一个一个的小目标，让员工看到希望，继而激起斗志，保持向心力。

教练不是教客户，那是顾问的工作。教练是帮助客户去除干扰、杂念；教练不是顾问，是支持被教练者找到最适合的答案；教练不是老师，是支持被教练者发掘潜能；教练不是心理医生，但支持对象提升情绪管理能力。教练是陪伴者；教练是服务员；教练是一个中立、启蒙、无私的支持者；教练是一面镜子，反映当事人的真实现状和局限性，能使对方看到更多的可能性，给对方一个重新选择的机会。

风靡世界的教练技术有五部曲：

① 建立信赖；

② 确定目标；

③ 厘清现实；

④ 资源计划；

⑤ 问责行动。

教练可以通过梦幻的和充满想象力的问话及对话来启迪和唤醒来访者。教练的对象是人，更确切地说是人的心态和信念，而文化的核心正在于心态，正在于一个人的心智模式！

坐言起行

您是否已经了解教练对于企业的重要性？

您觉得如何才能成为一个教练型管理者？

爱的格言

有一个字将我们从生命中所有的负担和痛苦中释放出来，那个字就是爱。

——索福克勒斯　古希腊悲剧作家

第四节　老员工传道：关爱的同人

企业中优秀的老员工就是企业的宝，他们的一言一行都对其他员工影响巨大。每个人的生命中都需要榜样，崇拜和向往对我们的自身具有人格的融化力。

在刚刚工作时，我住在南京老城南的一个老四合院里，老的程度就是外面下大雨，里面就会下小雨，半夜雨水都会滴在我的脸上，我要用很多废旧报纸放在蚊帐上挡雨。一个小厢房只能放下一张床，床边摆满了书，寄托着我全部的希望。我有一位同事兼老师，叫冯弈，是当时公司的业务标兵，也是后来公司最大的业务部负责人，非常潇洒，是我的榜样，言行幽默，作风干练。我们经常一起出去见客户，一起在小巷里吃面条，一起去喝酒，印象最深的是他站在板凳上领舞《心太软》，微笑从容的仪态，大开大合的活力，让当时一穷二白的我备受鼓舞，成长迅猛。

在我们的咨询中，企业文化手册的扉页常常印着两句话：

> 我们的文化因你而生，因你而美，因你而行！
> 你是文化的创造者、实践者、带动者。

这几句话的意思是，每个员工都可以成为大伙的榜样，你也一定可以，你也具有感化力！

一个企业，假设老员工都很懒散，对新员工再怎么培训也是没有意义的。如果老员工带早饭到公司来吃，如果老员工总是在大门口抽烟，如果老员工可以迟到早退，那么制度就形同虚设。任何一个企业的制度通常不是被新人所破坏的，而往往都是被老员工破坏的。

一名心理学家曾做过一个实验：让一位心情舒畅、内心愉悦的人同一位情绪不佳、长吁短叹的人待在一起。结果半个小时还不到，这个原本快乐的人也变得愁眉苦脸的。

这个实验证明，坏情绪就像细菌和病毒一样，它们可以迅速传播并且污染别人的情绪，甚至只要20分钟，坏情绪就会传染给别人。

在中华文化中，有师道的传承。行业前辈就是最好的老师。

对于全世界苦苦奋战的营销人员来说，世界汽车销售第一名的乔·吉拉德先生无疑是无数人的典范，我想分享一下我见到大师后至美的感受和体验，让我无比感动，真是世界级的气场和爱。这位八十岁的老人一出场就热舞。我坐在第一排全神贯注地感受这位八十岁老人的演讲，他亲手为学员戴第一枚黄金胸针，我总结了一下老人家的经验：

第一，痛下决心：生活的艰难让人奋发，对手的蔑视让人强大；35岁才开始卖汽车，因为妻子问他，孩子今晚吃什么？这个无比尖锐的问题刺穿了这个男人的心！因为他此时刚破产，于是传奇开始！

第二，伟大的爱：母亲在看着你，对客户永远说“我喜欢你”，秘诀是爱、爱、爱！

第三，终身服务：大量地寄祝福卡、寄感谢卡、雇助理、撒名片，善待每一个客户，把你的名字刻在客户心里！

第四，大量拜访：生意中最重要的是行销自己，给无数名片！我们事业的恶魔是“懒”！

第五，无比亲切：他人的眼睛是摄像机，你在卖你自己！你的微笑是一面镜子！

第六，全心服务：买我的车，我一点儿不兴奋，直至你重复购买。我要服务到死为止。建立一个游戏服务系统。

第七，卓越信念：不要自怨自艾，让自己的恶魔出去。你比这个地球上任何一个人都不差，早上出门时，告诉自己：人生是一个舞台，我们要成为最好的演员。燃烧心中火焰，发动引擎！

第八，神奇暗示三句：“我感觉很好”“我很棒”“我是第一名”！

对于企业来说，行业前辈是最大资产，对于员工来说，老员工是最好的老师。所以，企业管理者一定要让老员工充分发挥榜样带头作用，积极带领新员工不断突破、进取。同时，管理者也要做好监督，以免老员工成为制度的破坏者。只有这样，才能让老员工成为企业最大的带动力量，用正向感染力带出一个个青出于蓝的后起之秀。

坐言起行

老员工在您的企业中起到怎样的作用?

爱的格言

不能原谅人是爱不起来的。

——简·坎皮恩　新西兰著名女导演

第五节　司歌：士气是唱出来的

歌声是世界上最美丽的声音，滋养着我们的心灵！歌为心之门，歌声代表人生！儒家文化推崇运用音乐来体现仪式的恢宏和庄严。

华为每年年底要做一个活动，叫“大合唱”。诞生于1995年的《华为之歌》这样唱道：“学习美国的先进技术，吸取日本的优良管理，像德国人那样一丝不苟，踏踏实实，兢兢业业。”任正非是军人出身，秉承部队唱歌的光荣传统，那一刻，全员振奋，气势磅礴，地动山摇！

如何交朋友，交更多的朋友？列宁说，当你唱着《国际歌》的时候，就会和全世界的无产阶级成为朋友！这句话告诉我们，道和共同的信仰会让我们拥有无数真正的朋友！

我有一次为金火集团培训，那天本来有些疲惫，突然全场千人起立，共唱司歌——《金火之歌》，歌词雄壮而充满激情，让我猛然一震，体会到一种澎湃的生命状态。

聚成公司的核心文化提倡：像军队一样具备执行力，像学校一样培养成长力，像家庭一样充满凝聚力！历经六年发展终打造了一首自己的司歌——《相聚之恋》，歌词质朴感怀，意味悠长。如“总在缝缝补补”，好似一曲情歌，真情流露，含而不发。每一位聚成人唱起司歌，历尽千辛万苦，说尽千言万语，追忆似水年华之际，沧桑不再，只有光明喜悦！

每一首歌代表了一段岁月，罗大佑和邓丽君代表了20世纪80年代，而郑智化的《水手》和《星星点灯》励志了我们的青春年华。推荐几首和爱有关的歌，如《爱的旅程》《爱的路千万里》《我爱你中国》。

那一天，我心莲绽放，亲历慧居园合伙人授予大会，感动人心。

创始人一路走来，艰辛心路，2017购入欧洲设备，压力巨大，经常彻夜难眠。2018年，再度购入德国千万级包装设备，浴火重生，业绩翻番。

创业的本质是创业者信念不断淬火，不断强大的过程。为创始人感到骄傲！

当我看到祝总几度说话哽咽，看到大家一起在台上幸福合影时，那份纯粹，那份美好，令我无比心醉！

我们选择了图腾——莲花。司歌正是《蓝莲花》，不知不觉，让我泪水浸润！

没有什么能够阻挡，
你对幸福的向往。
激情燃烧的岁月，
你将心全情付出。
穿过平凡的岁月，
也曾感到彷徨。
当你投入的瞬间，
才发觉脚下的路，
心中那美好的世界，
如此的清澈高远，
盛开着永不凋零！

有梦最美，希望相随，心手相牵，共创美好！

我做了一个“励志歌曲歌单”，适合司歌的有：

①《当兵的人》
②《步步高》
③《我真的很不错》
④《不要认为自己没有用》
⑤《相亲相爱》
⑥《在路上》
⑦《感恩的心》
⑧《蓝莲花》
⑨《怒放的生命》
⑩《越飞越高》

《今天》这首歌不错，常被我用作开培训班的班歌，据说是娱乐圈常青树刘德华自己最喜欢的两首歌之一，还有一曲是《笨小孩》。刘德华多年前皈依佛教，法号慧果，座右铭是“幸福明天今日修”。《今天》这首歌的词刚好体现了这种心境——“谁没受过伤，谁没流过泪，何必要躲在黑暗里自苦又自怜！我不断希望、不断失望，苦自己尝，笑与你分享。”

甄子丹是个超越自我的好演员，将李小龙视为偶像，而截拳道的精神就是精进不懈。甄子丹最喜欢的是《天才白痴梦》，但最令其感动的是《千个太阳》，歌词很激荡：“年头匆匆地飘过，甜苦都许多，风波虽各自去闯，而两心未分过！”

坐言起行

您的企业有司歌吗？是什么内容？

爱的格言

这是每次都会发生在那些真正去爱的人身上的奇迹：他们给出去的越多，拥有的就越多。

——赖内·马利亚·里尔克　奥地利作家及诗人

第六节　誓言：别让誓言成为打折的话

誓言是一种强大的精神力量，企业的誓言可以使员工明确工作的目标，使他们的心灵目标与企业目标相契合，从而使他们可以朝着目标不断地前进。要想使这种强大的精神力量发挥到极致，企业的誓言必定是要得到团队成员的普遍赞同的，并且要让员工们相信，通过大家的努力，这个目标是一定可以实现的，这样大家才会发自内心地去实践它。

宣誓代表一种承诺和态度，我们将为什么而奉献自己？我们相信什么？宣誓的过程中，员工们会将这个所宣之誓牢牢记在心底，努力地去实践，不付诸实践的誓言毫无意义，因为世界不会记得你说了什么，但一定不会忘记你做了什么。

誓言的存在是让员工们去实践的，否则，它就演变成了一种空想，也失去了存在的意义。当员工们确定好自己的目标后，应努力排除万难，将誓言这种精神动力转化为行动，二话不说地朝着目标前进。

海底捞的文化被人们广为称赞，他们的誓言是：

我愿意努力工作，
因为我盼望明天会更好；
我愿意尊重每一位同事，
因为我也需要大家的关心；
我愿意真诚，
因为我也需要问心无愧；
我愿意虚心接受意见，
……

这一段誓言里包含了很多正能量的语句，而且读起来都十分简短、有力。每一句话都是一种积极的心理暗示，对员工有着很大的激励作用，并调动了他们工作的积极性。

誓言可以给予我们强大的精神动力和信心去战胜一切困难。

下文是我们匠合股东的宣誓词，由心而发，无限感怀，令人潸然泪下。

今天，在这神圣的时刻，我被授予了股东合伙人的资格，我深知这不仅是一份荣誉，更是一份责任和担当，更是一份守护和捍卫。

我将全身心的努力，为了我们所有的同人，为了我们所有同人身后的家人和家庭，他们有年迈的父母需要孝顺，他们有年幼的孩子需要呵护！为了照顾好我们的家人，让他们能够过上幸福的生活，我们将付出不亚于任何人的努力，积极主动，改进绩效，成果导向。

我将以更高的人格力要求自己，做一个有爱心、有诚信、有良知的领导人；做一个无私、坦荡、一致的领导人。我的所言所行，一举一动，都绝对无愧于天地。

我要保持成长性思维，持续精进和自我修炼，在专业上精益求精，贡献高品质的工作，成就我们的客户。

我们都在一艘船上驶向成功的彼岸，我们目标方向一致，我们协同高效，我们荣辱与共，我们彼此成就，我们相互托起。

坐言起行

您的企业有文化宣言或誓言吗？具体内容是什么？

爱的格言

即使过了这么长时间，太阳也从未对大地说：“你欠我一份恩情。”看哪！带着我如此伟大的爱，它照亮了整片天空。

——哈菲兹　波斯诗人

第七节　信念：打开员工的心门

我们坚信什么，我们就会拥有什么。

一个人的坚信是执著，一群人的坚信就是一种强大的信念，它将赋予企业文化强大的凝聚力和旺盛的生命力。

信念的力量非常强大，它将引领人们走出困境，走向坦途。我曾经听过这样一个信念的故事，深为感动。

有一年，一支英国探险队进入了撒哈拉沙漠的某个地区。在茫茫沙漠里负重跋涉，阳光下，漫天飞舞的风沙像炒红的铁砂一般，扑打在探险队员的脸上。

口渴异常，心急如焚，大家的水都没有了。

这时，探险队长拿出一只水壶，说："这儿还有一壶水，但是在成功穿越沙漠前，谁也不能喝。"

一壶水，成了穿越沙漠的信念源泉，成了求生的寄托目标。

水壶在队员手中传递，那沉甸甸的感觉使队员们绝望的脸上又显露出坚定的神色。

终于，探险队顽强地走出了沙漠，挣脱了死神之手。大家喜极而泣，用颤抖的手拧开那壶支撑他们精神和信念的水——缓缓流出来的，却是满满的一壶沙子！

信念有时就犹如这"一壶沙子"，可以引领那些极度饥渴的人们，从严酷的沙漠中坚持不懈地走向那处处绿洲的远方。

在疫情与世界形势日益复杂的经济环境下，我们处在一个后工业时代，无论是创业者还是员工，普遍处于迷茫之中。然而，只要我们拥有强大的信念，坚持初心，始终以客户为中心，终将走向光明之路。

企业文化的力量，说到底就是一种信念的力量。这种信念的力量吸引着企业中所有成员往一个方向共同努力，从而形成了一种强大的企业文化优势，而这就是企业战胜一切困难，取得一个又一个战略胜利的无形力量。

企业的信念来源于领导者的价值观与内在信条。作为企业的领导者，他所坚信的就将成为员工所相信的。沃尔玛之所以能成为一家卓越的企业，其创始人山姆·沃尔顿所提出来的沃尔玛十大信念功不可没，这些信念成为了沃尔玛员工们的工作信条，让沃尔玛在激烈的市场竞争中获得胜利。

信念一：敬业。

信念二：所有同事都是合伙人，合伙人要分享你的利润。

信念三：激励你的合伙人。

信念四：坦诚沟通。

信念五：感激你的同事为公司做的每一件事。

信念六：成功要大肆庆祝，失败也不必耿耿于怀。

信念七：倾听公司每一位员工的意见，广开言路。

信念八：要做得比客户期望更好。

信念九：为顾客节约每一分钱，这可以为你创造新的竞争优势。

信念十：逆流而上，另辟蹊径，蔑视传统观念。

的确，信念可以让我们的心灵得到沉淀，让我们的思想得到升华。在企业管理中，信念也发挥了这种强大的引领作用。

比如，我们开会的时候，总经理带头，让大家一起来朗诵一个使命。第一次朗诵，大家觉得这个好像有点儿假，第二次朗诵，觉得有点儿虚，第三次朗诵，觉得好像还是不太适应。但是渐渐地，日久天长，美好的信念、积极的人生观，就会灌输在你的生命中。

企业可以锁定年度中心思想或年度发展主题，用一个关键词，也能构成念念不忘、用心感知的力量，关键词如：业绩、服务、主动、管理、团队、职业化、改变、创新等。

语言常常能有一种神奇的力量，但是输入决定了输出。为了让信念发挥最大的效力，并且通过信念吸引到我们真正想要的东西，管理者一定要给员工输入一些正向、积极的信念。而这就需要管理者本身具备足够的领导力、影响力和感召力。

一位老板，可以发号施令或者可以滔滔不绝地说一堆大道理，但这并不能说明他就具有真正的领导力。优秀的领导者通常具备一个特质，那就是他们都懂得保持对自我身心的“中正觉察”，因为他们明白，不是别的其他任何东西，而是心灵、思想的力量在为他们创造财富、获取成功。

所以，为了让自己变得更加优秀、卓越，具备足够的领导力，为了让自己的理念成为员工坚信的信念，让信念真正打开员工的心门，管理者一定要学会投资自己的思想、武装自己的头脑。

坐言起行

您是否相信信念的力量？

您是否在企业中进行过与信念相关的尝试？

爱的格言

爱是打开快乐之门的万能钥匙。

——奥利弗·温德尔·霍姆斯　美国著名法学家

第八节　诗词：构建企业的人文道场

阅读使人内心宽广，写作使人思维精准。好文为天下利器，诗词则是文化得以凝聚的最高境界。

传统文化是民族精神的核心，在企业中培育和发展诗词文化是弘扬中华民族精神、加强民族团结、振兴中华民族企业必不可少的途径。诗词与企业相融合，可以为企业增添一分古韵，也可以培养员工们高雅的情操，使中国企业在走向世界的时候可以拥有属于自己的一分独特，使得企业更具民族色彩，从而提升企业的文化软实力。

笔落惊风雨，诗成泣鬼神！李白的诗代表着泱泱华夏，余光中评价李白“秀口一吐，就是半个盛唐”。而被尊为“诗圣”的杜甫曾写道：“为人性僻耽佳句，语不惊人死不休。”他的诗写实比较多，很具现实主义，反映了唐朝由盛向衰的演变过程。

毛泽东的诗词是最佳的战斗武器，对团队士气之振奋无以复加，当年的《沁园春·雪》真是笔扫千军，令无数英雄竞折腰！大军渡江之际，又来一首鼓舞军心之好诗：“宜将剩勇追穷寇，不可沽名学霸王。天若有情天亦老，人间正道是沧桑。”

舒婷说：“今天，人们迫切地需要尊重、信任和温暖。我愿意尽可能地用诗来表现我对人的一种关切。”

顾城说：“我们不用说地球的两极始终一片银白，就是在最热的非洲，也有乞力马扎罗这样的雪山；诗的生命是自由的，也是真实的，它是可以穿越小小的骚动的人世，归于江河之源的。”

到新年，有些企业会请我写春联。春归大地，气象万千，这本是中华文化中喜气洋洋的风俗，当下却是考验我智慧的时候。春联要和企业名有关，和企业所处的行业有关，要和新春相连，要和来年的生肖呼应。

有一次，一品牌中介请我为其每一家门店写春联，店有三十多家，有挑战也有意思，举例：

“钻石华府店”，春联为：钻石恒久远，华府永流传！“棠城路店”，春联为：春棠秀满园，秋硕勤为先！“旭日华庭店”，春联为：旭日东升歌正美，华庭温润颜如玉！“新民路店”，春联为：新厦得安千万间，民生欢喜俱欢颜！“文昌路店”，春联为：文华天宝仁为先，昌盛信义爱至善！

人类的心智吸收文字，但心灵的需要却不止这些。文字要抵达一个人的心灵深处的关键是先触动自己的心灵。这样，语言就有了力量。语言中的力量并非可以培养的技能，它来自我们对生命的深刻理解，来自从我们身体中穿行而过的体验。

我们有一班华商同学，相处五年，每隔一段时间我们都会搞一次聚会，好不愉快！每次相聚都是一场心灵的盛宴，每次聚会后许多同学都会写诗抒发情感。

曾和同学共游三峡，船过三峡大坝，体验那天下第一的壮观景象，感受颇多。这改变中国的大工程，相当于5000万吨煤的能源！同学相聚，喜悦之甚。分别之后，为表铭记，我写下感怀的小诗：

徜徉在三峡两岸叠翠的山水，流连在游轮无限闲适的慵懒，沉醉在鬼谷神辩的意境，惜别了同门，当大巴缓缓启动之时，挥舞的双手，闪动的泪花，泛红的脸庞，每一次同门的相聚都是心灵的狂欢，生命的绽放，笑到肌肉抽筋，喜到极致拍案，怎么有权这么开心！我爱你们，今生有幸，与如此美好相约！

在华方物流“股权合伙人授予大会”上，其间感动满满，龙亮学长专注于物流行业近20年，从一个小作坊做成一个年销售额近亿元的物流公司，锐意进取！

这次有五位联创级伙伴成为公司合伙人，几度哽咽，观者落泪，现场掌声雷动，可见人格魅力。

特别赋诗一首，以作纪念……

《航》

那一天，

你

启航……
惊涛骇浪，
无惧勇敢，
心担当，
身非凡。
好男儿，
志在四方。
何以相忘，
星光灿烂！

诗词就是有这种魔力，能让人受到感染，继而积蓄一种力量，这种力量在内心深处喷薄待出，震撼心灵。我曾经出版过诗集《人生下半场》，那一个个晶莹和美好的日子，让我热泪盈眶，以诗为念。欢迎阅读我的新作《改变的七大力量》，里面有我最难忘的故事、最感怀的诗。

坐言起行

您是否为企业写过诗词？

爱的格言

去爱就是用心去鉴识。

——儒贝尔　法国文人

第九章

讲故事传文化

故事彻底影响着我们的思维模式，人类最古老的娱乐方式就是讲故事，这一点在企业里也屡见不鲜。你可以发现许多杰出的公司，以传奇故事来沟通品牌和价值观，提高内部士气，建立外界的认知，更可以激发人们的想象力，增强企业的创新能力。企业应把故事作为文化落地的核心策略，因为感人的故事就是企业本真的文化。

第一节　开启故事：醉心人生

三流企业做产品，二流企业做市场，一流企业做文化，卓越企业讲故事。人们不喜欢听道理，却喜欢听故事！为什么提“万有引力”要有“苹果砸脑袋”的故事？为什么提“说谎”有“狼来了”的故事？我上课问：“孟子说过什么？”大家面面相觑，全忘了，只有“孟母三迁”的故事感动着你我的心。

故事有三种：

第一种，我的故事，真实的、感人的熔炉和顿悟；

第二种，我们的故事，群体价值观；

第三种，我们未来的故事，希望和愿景。

一个故事要挖掘，要找到细节，发现企业的内核，发现团队的奇迹！正所谓在家编故事、出门讲故事！

《商界》杂志刊登过万科一位保安的故事。有户人家夜里出门的时候忘了锁门，那个保安发现后就站在业主的门口，等了 17 个小时。万科就把这个故事登在《商界》杂志上面。这对企业的品牌有很大的宣传作用，最重要的是，保安的这种精神，对员工具有莫大的鞭策作用。

故事是最好的传播内容和介质。讲故事能够达到多种目的，包括激发行动、展示自我、传播价值、鼓励协作、消除谣言、分享知识和勾画未来等。好的故事能够打动无数的听众和客户，并且能让他们反复传播品牌的美誉度。如果一个企业没有几个有关它的精彩故事在民间流传，那么，这个企业就不能说是有自己的企业文化。

海尔的品牌，也是在故事中成长的。海尔本身就是一个讲故事高手。海尔是中国企业中故事最多的企业：有起步困难时期向农民借钱的故事、初期“砸冰箱”的故事……这些故事成为海尔企业文化和企业形象最生动的载体。

海尔人说要服务感动世界，就会讲这么一个故事：有一次他们的一个服务员，在电话里听到客户的孩子在哭，就问他孩子为什么会哭，客户说因为孩子长痱子。这个服务员去维修空调的时候，顺便带了一瓶痱子粉。海尔搜集了很多这样的故事。有一次，一位老大爷说，你们这个洗衣机不好，土豆老是被卡住，维修员修好洗衣机后就对大爷说，洗衣机是洗衣服的，不是洗土豆的。据说海尔后来曾筹备开发一种洗衣机，既可以洗衣服，又可以洗土豆。他们把这个故事讲出来，体现他们对顾客的一种尊重。

我们匠合咨询的凤凰精神，涌现出哪些感人的故事呢？

雪凤凰 · 诚正坦荡，光明主义

蓝凤凰 · 成就客户，极致主义

彩凤凰 · 为爱奋斗，心流主义

金凤凰 · 相互喝彩，团队主义

火凤凰 · 不断更新，专业主义

雪凤凰 · 诚正坦荡，不仅是我们伙伴做人的标准，更是我们的公司做事的底线，做一家诚正的公司！面对一位客户的个人邀请，周老师明确拒绝，要合作只能和公司合作，并主动上交一万元礼品卡。人格之纯净，当为楷模。

蓝凤凰 · 成就客户

易老师和于老师，去到许多咨询客户做售后服务，远赴金华、呼和浩特，牢记几年前的咨询案，收到客户的深度好评。

最感动舒老师在怀孕九个多月时还带着大女儿，去根庆学兄做股权授予大会，让客户为之垂泪。

彩凤凰 · 为爱奋斗，孙老师一个月十多场的服务演讲，以至于身体发烧；祝经理自费飞去银川为客户服务。周老师、岳老师全月无休。

金凤凰 · 相互喝彩，易老师对于团队的带教不遗余力。上海公司滕总和咨询部配合默契。舒老师和廖总一直相互喝彩。

火凤凰 · 不断更新，咨询部老师的研发用心，周老师在梳理服装业的咨询体系。融资合伙和创客合伙的工具包全面升级。何老师在文化落地上突破，并做了新的文化墙流程。陈晨老师、祝威老师、亚梅老师主动为客户主持合伙人授予大会、制作文化手册。

那一个个动人的故事，揭开了我们崭新的历史！

坐言起行

您的企业是否有能够挖掘企业内核的小故事？是什么？

爱的格言

重要的不是我们付出多少，而是我们在付出之中放进了多少爱。

——特雷莎修女

第二节　传播故事：追梦之旅

1984 年，有一个企业砸了 70 多台冰箱，大家先听说了这个故事，后来知道了海尔；2002 年，浙江宁波有一个企业，一把火烧掉了价值 2 亿多元的皮鞋，因为管理者觉得这些皮鞋的质量实在是太差了，不能穿了。这个皮鞋品牌叫奥康。这样的故事对员工和客户来说，是多么富有震撼力。

为什么以上的故事会迅速传播？在描述故事时，要注重六要素：时间、地点、人物、起因、经过、结果。最关键是故事本身要有戏剧性、有悬念，才能让人记住。

故事的本身是一件事，那么一定要感性和理性结合，喻理含情！有观点说明道理，有情节引人入胜！

我们讲的故事会影响我们的态度、行动和对事情的反应。如果我们清楚地知道自己的人生故事，我们也就了解了自己。我们的人生故事之所以重要，还是因为它们也是别人了解我们的重要途径。故事因其人性化的人物、情节和情感高潮，能在情感和本能的层面上吸引听者，而单纯的理性论述是不可能产生这样的效果的。

《哈佛商业评论》上发表了一篇文章。在这篇文章中，古贝尔强调了故事的重要性。他认为，一篇文章若想引起听众共鸣，必须具备以下四个要素：

第一，对于讲故事的人来说，这个故事必须有真实感。故事要讲得真诚，要有感而发；

第二，对于听众而言，这个故事必须有吸引力。如果人们决定用心倾听，那么一定是因为他们相信，自己可以从故事中得到娱乐、启迪和新的收获；

第三，对于当时的气氛来说，这个故事必须有煽动性，而且每次讲述都要能收到积极的反馈；

第四，对于心中的使命来说，这个故事必须有意义。故事要能够表达出讲故事的人的价值观，并且能够给听众一个机会，对同样的使命产生认同感，把这个使命刻在自己的心上。

领导力最强的领导者是那些对自己的故事念念不忘的人，我们讲的故事常常会左右我们以后的行动，从而变成我们的经历。当然，单纯喜欢讲故事还不行，你还必须学会怎样才能将故事讲得最好、最精彩、最吸引人。

某运动品牌公司就是一个非常擅长讲故事的企业，它甚至还因此被研究专家称为“故事型组织”。“谈论公司过去的故事能够塑造公司的未来”，这是这家公司的共识。因此，该公司的一些高层管理人员会专门花大量的时间为员工讲公司的故事，以宣扬品牌精神。“我们讲的故事可不是公司的商业计划和财政状况，它们是关于我们是如何做事的。”该公司首席故事官如此说道。

每一个公司的发展都不会一帆风顺，有起有落是所有公司的必经过程，这家公司也同样如此。在发展过程中，这家公司也几经沉浮。虽然涨落沉浮没有定数，最后胜出的公司一定是那些具有正确价值观并能始终坚持的公司。对此，法里斯说：“公司要在处于谷底的时候得以存活，就要清楚什么是真正的团队精神——信守承诺、有使命感。但不是每名员工都能像这些创始人那样对公司的价值观有深刻的理解。”也正是为了让每名员工都像创始人一样对价值观有深刻的理解，该公司在公司内部设立了讲故事计划。20 世纪 70 年代末期，讲故事计划开始实施，公司规定每名新员工都要听一个小时的故事。走上增长轨道之后，公司规定培训时间增加为一周，并将课程转移到“企业大学”里进行。

这家公司公关总监朱女士受训回来之后，曾经转述了一个让她记忆深刻的故事。为了给运动员们设计出最好的跑鞋，该公司创始人鲍尔曼一刻不停地琢磨着。一天早晨，鲍尔曼进入厨房后，看到妻子手中拿着一个表面凹凸不平的模子，正在制作饼干。看到这个模子，鲍尔曼马上跑回自己的工作间，将橡胶浇入烘烤华夫饼干的铁模里，一种新型鞋底就这样诞生了。这种带着小橡胶圆钉的“华夫饼干”式的鞋底，比市场上流行的其他鞋底的弹性要强得多，因此受到了大家的欢迎。

当然，这家公司的故事官讲这个故事，并不是为了说明这种橡胶圆钉鞋底是怎样发明出来的，而是为了向员工传达鲍尔曼的创新精神。对于每一个企业家来说，学习如何运用故事与现实相结合来表达企业的价值观，都是十分必要的，而这些故事往往来自他们的亲身经历和情感世界。

故事可以使他人的经历深入我们的内心和生活，从而在彼此间形成真实的、人性化的纽带，对于企业来说也是如此。你是否也会经常运用来源于生活的故事来说服你的顾客和投资者呢？如果你想让你的生意更上一层楼，或者打算让你的团队更有凝聚力，那么是时候为你的企业和品牌添些故事了。

坐言起行

您如何讲述企业故事？有什么技巧可供分享？

爱的格言

没有心的天才是无用之物——单靠杰出的理解力或聪明才智，或是两者兼备，无法成就一个天才。爱！爱！爱！那才是天才的灵魂。

——冯·杰奎恩　荷兰科学家

第三节　歌颂故事：最美传说

故事的背后是我们的价值体系，我们歌颂的美德和准则！心理学家唐纳德·诺曼说：“逻辑是从事实中归纳和总结的，是客观的。而故事却能抓住人感情的一面，是具体而详细的。一个人借助逻辑可以得出公正的结论，而故事则让我们从自己的角度理解世界对人的真正影响。”

我们教一个小孩子做人要讲诚信，就会讲狼来了的故事；我们教一个人要有真才实学，就会讲南郭先生的故事；我们教一个人要学会创新，就会讲一个人在苹果树下被苹果砸中的故事。

我曾经为一家知名企业的《文化故事会》写过一篇用心至深的序言——《彩虹之梦——在路上》，以其董事长的名义发表，原文摘录分享：

小时候，最喜欢看故事书，记得有一个童话故事叫《石门开》，主人公勤劳、勇敢、善良，战胜了磨难，打开了石门，收获了幸福。这本书对我有很深的影响，就像歌德说的：“在我年少时，播种了一种美丽的情怀，至今我久久不能忘却！”

长大了，奔波忙碌之间，似乎已经忘记了我是谁！忘记了我要去哪里！忘记了我们其实早已成为书中的主角！在阅读这本由我们每一位同仁自己用心谱写的《文化故事会》时，在感受大家为了梦想而用生命去奋斗、去拼搏、去超越的真实经历时，我的内心一次次被温暖包围，眼眶一次次因感动而湿润！我想说：你们是我永远的骄傲！

在这个充满浮躁的年代，我们更清楚地知道，全体伙伴究竟要什么样的信念和人生。无论岁月变迁，我们需要传承的作风和精神是什么。

一个好的故事，会在我们心灵播下真善美的种子，直至形成属于我们的品德和人格！而人格正是成就一切的基石！

书中的每一个故事都是所有同人学习的榜样，无论是“令山河变色”的销售部同人，还是恪尽职守的物流部同人；是高峰销售时天天补货至半夜的红艳，还是开疆辟土为开新公司度过一个个不眠之夜的永春。在最深的夜，有我们忙碌的身影，在最冷的天，有我们坚守的执着。我为故事中的每一个主人公，以及每一位浴血奋战的战友鼓掌喝彩，这里记载着你们人生中最无悔、最可歌可泣和荡气回肠的年华！人生如此多娇，青春如此美丽！

没有真正奋斗过的人，不会理解我们。没有为梦想流过泪的人，不会读懂我们！奋斗的过程是辛劳的，但心情是愉悦的，而回忆更是甘甜的！

很多年前，创业之时，我在子夜独自开着小货车踏上归程，不小心在都江堰迷了路。此时万籁俱静，万家酣眠，孑然一身的我饥寒交加，百感交集又不知从何说起。若干年后，中国有几位知名的企业家，如柳传志、马云、史玉柱等，用自己对生命的穿越和理解共同谱写了一首歌，给出了一个让我泪流满面的答案。

这首歌的名字叫《在路上》，让我终于心情释然，歌词如下：“那一天，我不得已上路，为不安分的心，为自尊的生存，为真我的证明。路上的心酸，已融进我的眼睛，心灵的困境，已化作我的坚定。在路上，用我心灵的呼声，只为陪伴着我的人；在路上，是我生命的远行；在路上，只为温暖我的人……”

有梦最美，有你相随！彩虹在前方，我们在路上……

海航曾经历过中国极度罕见的劫机事件，局面险恶，生死攸关。关键时刻，海航员工置生死于度外，和歹徒放手一搏，化险境为平夷，可歌可泣！海航的董事长陈峰将成功处置劫机事件归功于海航文化的胜利，给予全体机组人员重奖，高度表彰这个感人的事迹，宣扬这种大爱的精神。

我受邀为中国花卉行业协会讲课，对象是上千位花店老板。据说前几次邀请的专家都没有激起共鸣，纸上谈兵，隔靴搔痒。故此，我不仅要充分准备，更要拿出“撒手锏”。我请教了请我去讲课的绿草地老板倪志翔，老倪是江湖出身，却精进不辍，拿过世界级花艺大赛的冠军，又有多家连锁。

我只问一个问题："从业这么多年，让你最感动的故事是什么？"他告诉我两个故事。第一个故事发生在一个夜晚。

那时，他刚刚入行，技艺粗浅，有母女俩来买手捧花，他左扎右扎，满头大汗，客户也不满意，摇摇头走了。他看着客户远去的背影，好遗憾好揪心，突然一种不言败的力量由心中升起，他一路飞奔拦在母女俩面前，恳切地说：请再给我一个机会，这次扎不好，就不要钱了！客户被他的诚意感动，回到了花店。这次他刚动手扎的时候，客户就说了一句让他一辈子难忘的话："小伙子，你态度挺好，这次不管你扎成啥样，我都要了！"

第二个故事让我的泪光闪动。

有一天，有个穿着校服的小姑娘来买花，要一朵康乃馨，很奇怪，只要一朵，他就问为什么，小姑娘的眼眶红了。原来多年以来，这个小姑娘的父亲每逢六一儿童节，都会送给她一朵康乃馨，用红色的彩纸包扎好。可是在前几年的一次车祸中，父亲不幸撒手尘寰，在清理遗物的时候，在父亲的包裹中，赫然还有一支没有送出去的红色康乃馨。小姑娘知道，父亲每年在哪里买的花，于是年年都会到故地买一朵康乃馨，看到了这家花店，就想起了这份爱，这是一份延续的爱，一份用一生去牵挂的爱！他就在想，如果他的花店不开了，那不知道有多少人的爱就断了，那一定是好大的遗憾，好大的痛……

演讲的会场人声鼎沸，当我在讲第一个故事时，我说我知道在座的每一个人都很不容易，这么多年了，你们奋斗着，起早贪黑，家人不理解，客户不认同，然而你们一直很用心，因为每一束花都是你们的一颗心！现场一下安静下来，大家望着我的眼神无比的明亮，这叙述的是他们的生命，每个人都感同身受。

在演讲结束时，我在音乐声中点亮了第二个故事。我说，很多人都说花店不好做，花店不挣钱，其实我们还不知道，我们的意义，我们的神圣……这个故事的效果连我都很意外，很多人的眼眶湿润，在演讲结束后，很多人说这是他们多年以来听过的最好的演讲！我一定不是最好的，但故事是最入心的！

坐言起行

您企业中的感人故事如何开启、如何传播、如何歌颂？

爱的格言

谁口口声声说“我不爱”，谁就在爱。

——奥维德　古罗马诗人

第十章

十分表率定大局

企业文化有三大合一，第一是文思合一，有经典，第二是知行合一，有体验，第三是言行合一，就是领导者的行为和人格，这是最大的影响力。一个组织最大的表率是领导人。“所有人倒下去，只有一个人站着，这就是领导人！”把100个零件组装起来，了不起，工程师！把100个人组合起来，不得了，领导人！老板给员工最大的动力是自己有追求、有梦想、向上。

第一节　榜样：领导人是最好的榜样

爱是榜样最应具备的品质

中国台湾的证严法师年轻时，见一孕妇无医院救治，遂生仁爱恻隐之心，立志要建医院。初期信徒全来自社会底层，有理发师、菜贩，许多人见其募捐都绕道而行，然榜样之力量无穷，今日义工遍布台湾，百万之巨，许多成功人士穿上慈济的柔和忍辱衣，追随上人三十年如一日，播种福田！

要做心地农夫，自我耕心田，也在人人心中耕福田。

南非是全球艾滋病感染率较高的国家之一，在那里有许许多多的艾滋孤儿，他们和所有普通的儿童一样，需要阳光普照的环境，需要温暖的眼神、热情的拥抱，甚至他们比普通孩子更需要爱的滋养，但是艾滋病毒却让他们远离了他们想要的一切。但好在有这样一群南非妇女，她们自己耕作，经营一座充满大爱的农场，主动照顾起一千五百名艾滋病患者，并收养了五千五百名艾滋孤儿。这就是爱心的传递。她们用一颗颗最美好的心灵告诉我们，爱是温暖一切的力量。也许她们是物质上的贫困者，但精神上她们绝对富有。她们有最美好的心灵，她们的行为告诉我们，爱是温暖一切的力量。我们都应该做一个可以为别人制造阳光、带来温暖的人。

证严法师在《静思语》中说："能升华人格的，不是权威，而是爱心的关怀。"

我想每个人都应该懂得自爱，那可不可以从自爱开始，把爱带给家人，带进小区，带进工作，带给身边的每一个人，也带给那些最需要温暖的人呢？当爱与苦难融合在一起的时候，我们的心便会回到如婴儿般的状态，回归到最善良的本质。

企业家如何做榜样

我曾参访海尔。海尔比我意想中的更强大，进门时并没有很宏大的展厅，但是越往里走，带来的是阵阵内心的震撼。从入门的一棵榕树代表着海尔的生根发芽，无限延展，到海尔的平台化生态化的战略，一张张令人眼花缭乱的模型表，让你深感海尔对管理、对创客、对这个时代的深刻洞见。

海尔的发展，就是一个产品线不断升级，管理理论不断突破的时间线，海尔从最开始的管理出效益、到品牌出效益、到并购出效益、到生态出效益，到今天无限延展，从海尔是海，变成海尔是云、海尔是火的状态，令人不禁感慨。

海尔的跨越，是一个企业家创始人的自我超越，张瑞敏最大的特质是什么？就是颠覆过往，推陈出新。从 1984 年他接手濒临倒闭的红星电冰箱厂开始，开始在工厂里做了十三条制度，最有名的就是两条："不允许偷盗企业财产，不允许在工厂随地大小便。"从工厂所有产品几乎都被退货的状态，到开始采购德国设备，到砸冰箱，到国际化，到人人都是 CEO，开启了他涅槃浴火的历程。

创始人张瑞敏先生强调，要通过榜样的力量来建设企业文化，提倡 1 比 100 原则，用 1 来带动 100，树立团队的榜样，抓两头带中间，抓住核心干部来塑造企业的文化。

张首席当为企业家之楷模，他是如何成为榜样的？

一、企业家的动力。你是一切的源泉，必须有强大的动力，不断发起挑战，才会让企业持续强大。假如你做到一个亿，要记住，这刚刚开始。你做到十个亿，也是刚刚开始。你做到 100 亿，这也只是刚刚开始。永远不要忘记你的初心，永远保持你的使命感和愿景。

二、企业家的创新。必须在经营上不断创新，无论是在机制上，还是在产品上，还是在模式上，还是在战略上，还是在品牌建设上，都必须永远保持创业状态，永远归零。

为什么海尔一直能屹立潮头？

本质上是他们持续不断地自以为非，自我超越，每天都是新起点。

在战略上，他们从网络化战略转向了生态品牌战略。

在制造上，从传统工厂转向互联工厂，转向一切外包的工厂。

在产品上，从电器转向网器。

在管理上，从他驱动转向自驱动。

在文化上，从执行文化转为创业文化。

在组织上，从金字塔组织变成平台组织。

在用户关系上，从交易变成交互，顾客即创客。

在员工关系上，从雇佣关系转向为动态合伙人，新时代的员工一定要具备企业家的精神，成为创新的主体，做自己的 CEO。

三、创始人永远谦虚，持续不断地学习和精进。张首席一年至少读 100 本书。拥有强大的思想和哲学体系，做企业就是一个不断增加自己见识、胆识、知识的过程。为企业建立一套管理的哲学体系，真正地运用在企业之中。

法古今完人，榜样就是企业文化的标杆，榜样的力量是无穷的，企业精神的榜样在哪里？价值观的榜样在哪里？卓越行为的榜样在哪里？团队合作的榜样在哪里？

打造组织文化的三大榜样

组织的文化，要从三大维度来打造，发挥三大榜样的力量：

第一个是文化的抓手。这正是我们的领导人。领导人要特别注意提拔什么样的人。在明基公司，提倡老实聪明人；在阿里，提倡的是猎犬（有态度，有能力）。我们要的不是业绩好就可以成为领导人，而是骨子里面流淌出来的良知正行。

第二个是导师的力量。如何让新人在进入公司时，就感受到企业的文化？导师很重要，导师不仅是业绩做得好，而且言行举止皆有正念，可以捍卫公司的价值观，能够善待顾客、成就顾客。

第三个是企业里的意见领袖。这个人可能不是领导，但众望所归，拥有话语权，那你要注意他的语言，他的意见对公司至关重要，尤其是公司的老员工，务必要正念正行，正知正觉。

总之，打造组织文化要用好三种力量：领导人是干部的力量，导师是榜样的力量，意见领袖是骨干的力量，这样就形成了文化的三大抓手。

父母是人生的榜样

在家庭中，父母就是我们的领导，也有一句话这么说："身教胜于言传。"所以，父母也是我们最好的老师。一般来讲，我们都会听从父母的教导，因为从大体上来看，父母鼓励我们去走的路是风险最低的，因为他们是真心为我们好。只是人都容易有一种逆反心理，同样也有自己的兴趣、爱好，如果自己要走的路同父母所指出的路发生了偏差，便会让父母心生失望。但不管如何，他们是我们最好的榜样，在无形中，他们会教给我们一些良好的生活习惯以及待人处事的原则，而这些对我们都是终生有益的。

小的时候，父亲给我很多美好幸福回忆。父亲是位语文老师，是北外毕业的，会德语和俄语，但他给予我最多的，不是知识，而是宽广的爱。小时候，他经常装着零花钱带我去公园玩；寒暑假，黎明天不亮时，他就带着我赶车去南京的老家，下了 16 路公交车后，沿着南京城南的老巷子东拐西拐地去到磨盘街的奶奶家。小时候我得了鼻炎，父母带着我四处去求医。记得有一次生病发烧，特别难受，当时父亲背着我去厕所，趴在父亲的背上，他的背弯得很低，那一种深深的依靠，至今难忘，父亲厚实的肩膀已成为我一生的眷恋。我一直和很多由于繁忙而将自己的孩子送到贵族学校的企业家朋友分享：金钱买得到教育，但买不到陪伴和爱，尤其是孩子小的时候，那份亲近感，长大了就找不回来了。

父亲非常乐观和开怀。夏日的一天下午，他坐在家中的藤椅上，唱了一下午的歌。邻居都很好奇，问：刘老师为啥这么高兴啊？他老人家最喜欢唱的歌就是《大海啊，故乡》，这首歌我现在唱给我的孩子听，唱着唱着眼眶就会湿润。爱一直孕育在我的心。有一次，在旅途中，我好渴，向父亲要水喝，父亲买了一瓶可乐，我好开心地喝着，父亲在一旁慈祥地看着我，我问父亲要喝吗，他说他不渴！这一瓶汽水也许胜过我一生拥有的财富。

记得初一期末考试的时候，我的成绩很差劲，四门考试，三门都没有及格。父亲看了成绩单后，没有一句责备，留下了暮色中的背影，于我心中，却是深深的惭愧。我开始了人生第一次奋发，开始高度专注地学习，物理几乎考到全班第一名，初二时，我的成绩上升了三十位。现在回想，良知和爱一定是我最大的动力。

谨以小诗《爱润一生》感谢我的老父。

我的父亲是一个语文老师，
他的爱温暖了我的一生！
小的时候，
我在校园中长大，
感受到一种迷人的宁静和纯美！
教师节，向我的老师们深深致敬！从小到大的老师致敬！
如果说医生拯救了人类的身体，
那么老师唤醒了人类的心灵！
如果家庭赋予了我们爱，
爱让我们温暖一生！
那么老师赋予我们真理，
真理让我们洞见永恒！
这神圣而庄严的职业，
我心怀感激；
我心怀敬畏；
我心怀喜悦！
在路上，幸好有你的点拨！
在路上，真理彩虹在前方！

母亲很多年前就下岗了，她非常勤劳，开过水饺店、杂货店，天不亮就起床，三餐不定时，以致后来胃出血，只为了一家人的生活。母亲这样的勤勉，对我的工作态度影响巨大。记得她在商场上班时，每天都会在自行车的车篓里带着一点儿小食物回来，那是我每天傍晚时的美好希望和幸福时光。我开始上班时，母亲经常会带来家乡的草鸡蛋，我常常扔掉吃不完的。后来我才知道，这要下到集镇，再下到乡里，走多远的路，才能买到新鲜的草鸡蛋啊！

大学毕业时，父母都希望我当警察，但我想走自己的路，警察之路非我所愿。复习公考几天后，我思虑好久，留下一封信，表达了自己的志向。我离开了家乡县城，再度回南京去打拼，父母打来电话表示对我的未来无比担忧。一阵争吵后，我挂断了电话，既有内疚又有执着。第二天早晨，我去职场时，远远在楼下看见母亲在等我，原来母亲赶了最早五点半的车来，看见母亲风中飘动的白发、泛红的眼眶，我趴在母亲的肩膀上哭了！感恩养育之恩，唯有拼搏向上。

记得一部好电影叫《铁甲钢拳》，和机器人无关，而是和爱有关！一个中年男人潦倒穷困，一直活在拳击世界之中，直至关于儿子的责任唤醒了他的良知，勃发了生命中最强大的力量！是的，强力可以劈开盾牌，但只有爱是最大的动力！

为人父母如此，为人领导也当如此，在工作中给予下属爱的关怀，这种关怀无须多少物质、金钱投入，有时或许只是一句见面时的问候，一个不经意的微笑，一个鼓励的眼神，一份节日里的小礼物，就足以让下属感动。这就是爱的力量。

坐言起行

您如何进行爱的修炼？

爱的格言

即使是短暂的接触，也要对每个人付出你所有的关怀、仁慈、理解和爱，别计较任何回报。从此以后，你的人生将有所不同。

——奥格·曼迪诺　美国作家

第二节　自明：领导人领导自己

领导人要学会做自己的时间管理。我在十年前明白人生要做重要紧急的事，比如业绩、社交。五年前理解要做重要不紧急的事，比如锻炼身体、学习修炼、静坐定心。现在顿悟，在企业不同的层级，越高级别越要做重要不紧急的事，比如文化、品牌、人才；人生的不同阶段，越往下半场走，越要做重要不紧急的事！

多年来，我一直很奔忙，坐最早的飞机出门，坐最晚的火车回家，没有周末，没有假期，是个“鸟人”！有一天晚上，我的孩子要我陪他去散步，当我在花园里牵着他的小手，每一分钟都让我无比心动。我发现了我生命中最重要的事情。现在傍晚的时候，我都会和我的孩子出门去散步，无论我的手上有多少未完成的事情。

领导人首先要了解自己，知人者智、自知者明！对于彼得·德鲁克的经典五问，你会有怎样的回答呢？

①我是谁？什么是我的优势？我的价值观是什么？

②我在哪里工作？我属于谁？是决策者、参与者还是执行者？

③我应做什么？我如何工作？会有什么贡献？

④我在人际关系上承担什么责任？

⑤我的后半生的目标和计划是什么？

有时间，领导人要静下来思考。领导人的言行是企业文化的全部。

在一次全球 ASTD 培训大会上，《基业长青》的作者吉姆·柯林斯给领导者提出十点建议，对领导者的自我管理很具价值。

①准备成为更高层次的领导者；

②致力于提升组织或团队的领导力；

③找出组织中的关键位置，并找到最适合这个位置的人；

④做一个关注别人的人，并找到不同性格的人组成团队；

⑤每天坚持做能使你获得成功的最重要的那些事情；

⑥找到你的“hedgehog”（你的优势所在、激情所在以及能够帮你带来稳定收益的事情的交集）；

⑦定期关掉你的网络通信工具，包括手机，留出思考的时间，每两周至少要有一天能这么做；

⑧找到能够给你带来好运气的人，进行投资，特别是要投入你的时间和关注；

⑨建立你的“To Do List”，更要建立你的“Stop Doing List”；

⑩建立个人的愿景，包括你带领团队的使命和核心价值观。

曾国藩一定是无数领导人的榜样。毛泽东说，愚于近人，独服曾文正！曾先生的家书不仅是写的，更是行的！古往今来留下文字第一人，日记一千五百万字，实在无法想象。其有修身十二款：

第一，主敬：整齐严肃，无时不慎。无事时心在腔子里；应事时，专一不杂，如日之升。

第二，静坐：每日不拘何时，静坐半时，体验静极生阳，正位凝命，如鼎之镇。

第三，早起：黎时即起，醒后不沾恋。

第四，读书不二：一书未完，断不看他书，东翻西阅。

第五，读史：购二十三史，每日读十页，虽有事不间断。

第六，谨言：刻刻留心，是工夫第一。

第七，养气：气藏丹田，无不可对人言之事。

第八，保身：节劳节欲节饮食，时时当作养病。

第九，日知其所亡：每日记茶余偶谈一则。分德行门、学问门、经济门、艺术门。

第十，月无忘所能：每月作诗文数首，以验积理之多寡。

第十一，作字：早饭后作字半小时，凡笔墨应酬，当作自己功课，不留待明日，愈积愈难清。

第十二，夜不出门：旷功疲神，切戒切戒！

通过以上论述，企业领导者应该明白，很多企业在管理方面存在问题。无论是团队凝聚力不够，还是员工个人缺乏工作积极性，其根本原因不在于员工，也不在于领导者管理能力的高低，而在于领导者是否能够做到清晰的自我定位和有效的自我管理。领导工作需要身体力行，领导者只有首先做好自我定位、自我管理，才能真正成为企业的一面旗帜，才能更好地管理员工，才能让自己的管理工作卓有成效。

坐言起行

您对自己、对企业足够了解吗？

您是怎样进行自我管理的？效果如何？

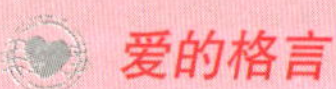

爱的格言

一旦你确实需要爱，你就会发现它正在等待着你。

——奥斯卡·王尔德　英国剧作家、诗人、散文家

第三节　使命：领导人领导使命

井冈山山顶的黄洋界有一块高耸的石碑，令我伫立良久，上书八个大字——星星之火，可以燎原。仗怎么打很重要，但下一步迈向哪里更重要。伟大的公司，首先要有一个伟大的分享，继而每一个人分享同一个梦想。中国人民志愿军的使命是“为打倒美帝国主义而战”，口号是“抗美援朝，保家卫国”！于是就涌现出如邱少云般英勇无畏的志愿军战士。所以，明确神圣感，人就拥有了使命感。

共产党在解放战争时期的原则是“为打倒四大家族而战”“推翻国民党反动统治、解放全中国”。这是一个强有力的使命！淮海战役中，国共双方决战队伍共有 100 多万，而共产党却另有 300 万的支前民工。有一个被俘的国民党将军说，当时他经过战线，发现路上一片萧条，非常冷清，什么都没有。但当他被共产党俘虏之后，再次路过原先那个村时，却看到路上全是大饼、水、粮食、草鞋，他就深深感叹国民党的灭亡是必然的。打仗打的就是后勤团队，团队比的就是人心，人心向背决定存亡。

企业领导者背负着重大的领导使命。首先，他应明确企业的发展方向与目标，尊重并听从自己内心的声音，从整体出发，树立一个良好的企业愿景。其次，企业领导者应以身作则，努力提高自身修养，认真实践企业的价值观，遵守企业的规章制度等，为员工树立起一个好榜样。最后，企业领导者应拥有积极、乐观的信念，并满怀信心、活力地带领自己的员工去共同奋斗，实现企业的目标及愿景等。

下面是领导者的十项使命，这十项使命是领导者要获得卓越的成就必须采取的基本行动。每种行动步骤都是领导的基石。

①希望：着眼未来，树立信心，有明确的愿景；
②清晰：明确企业发展的理念，找到自己的声音；
③榜样：以身作则，言行一致，为他人树立榜样；

④宣导：强调共同目标，建立团队信心，促进团队合作；

⑤表扬：及时表扬，认可员工的卓越贡献；

⑥激励：诉诸共同愿景，让员工为大家共同的愿景奋斗；

⑦授权：权力下放，通过分享权力和自主权来提高经营绩效；

⑧推动：与时俱进，积极进取，尝试新方法，寻找新机会；

⑨复盘：克服困难，不断尝试，从错误中学习，在问题中改进；

⑩庆祝：以团队的方式来庆祝价值、目标的实现和各个阶段的胜利。

我的一位同学，康菱发动机的创始人温国生先生有一段盛世警言，值得每一位企业家思考：

我近期和美国的一些发动机研发机构进行接触，深有感触。这些机构的投资者有微软的比尔·盖茨、沃尔玛的山姆·沃尔顿。这些领头人都是来自福特、通用汽车、康明斯等行业先锋的高端技术人才。他们有一个共同的特点：对技术创新有一种强烈的梦想和渴望，他们离开原来的高管位置投身到新创建的企业中，在很大的程度上，不是为了赚钱，而是为了发展一种新的技术，从而带给人类更大的进步。

和他们相比，中国的企业家更多渴望的是要获得影响力和获得财富。由于缺乏他们那种发自灵魂深处对新技术渴求所爆发出来的激情、反叛、无畏和想象力，中国要出现盖茨、乔布斯、扎克伯格那样的创新人才非常困难。中国很多企业家多是游离在权力和市场的投机者，他们更多关心的是国家的政策走向，而不是一种能改变人类生活的新技术。看到这些来自欧洲各国和美国各地的科技人员为了研发出改变人类生活的新技术，可以长达十年默默耕耘，内心真的万分钦佩。在某种程度上，他们对于自己的工作有一种强烈的宗教使命感，有一种活着就要改变世界的冲动。看到他们的研发成果，我们目前市场上的最先进产品都显得很落后。我预计5~10年后，目前在生产的发动机产品都会面临巨大挑战，因为现在的新技术和固有的技术相比，零件种类减少了 50%，成本减少了 40%，油耗最终可降低 30% 以上，这是科技进步的结晶！

这段话让我想起了日本品牌之父大前研一的一番话：“我发现很多中国的企业家，在做一个项目时，首先考虑的是能赚多少钱，而很多日本企业家在思考的是，我们能为世界作出什么贡献。所以任天堂的老板手上有几百亿的时候，也没有做房地产，只专注在游戏产业，这是赢的根本！”这两段话，让我汗颜，值得我们警钟长鸣，负重前行！

坐言起行

您有企业使命感吗？是什么？

爱的格言

恨使生活瘫痪无力，爱使它重获新生。恨使生活混乱不堪，爱使它变得和谐。恨使人生漆黑一团，爱使它光彩夺目。

——马丁·路德·金　美国民权运动领袖

第四节　价值观：领导人领导价值观

成功的领导者会不断思考并宣传自己的价值观，而且会用自己的行为去体现这些价值观。他们还会不断地鼓励别人也去观察、思考这些价值观，鼓励对方在日常的工作中去贯彻这些价值观，从而培养这些人的领导者气质。

在企业经营中，卓越的领导者常常需要扮演以下七种角色：

①修行者：自我修炼、自我管理是领导者走向卓越的第一步；

②思考者：思考大势、思考全局、思考方向……领导者就是思考者；

③设计者：资源价值因架构设计而裂变，而卓越的领导者总是最大限度地优化资源配置；

④布道者：传播思想、理念、愿景、价值观，建立团队共同目标；

⑤引领者：在企业中，领导者是先行者，是引领者，是所有员工行为的参照和楷模；

⑥激励者：没有无法被激励的员工，领导者的责任之一就是激励员工，使其逐渐走向卓越；

⑦决策者：关乎企业兴衰胜败，决策是领导者最大、最严肃的挑战。

领导者的三大支柱是思想、价值观，以及能量和魄力。

1. 思想

对于怎样才能在市场中获胜，以及应该怎样经营企业，领导者都有非常清楚的思想。他们会不断地改进自己的这些思想，使其能适应变化了的条件。而且，他们会帮助他人形成自己的想法。比如王永庆的“瘦鹅理论”；海尔的“激活休克鱼”“日清管理”；柳传志的“搭班子定战略、带队伍”；李嘉诚的“人弃我取”等等。

瘦鹅理论：瘦鹅因生存环境恶劣，生命力十分顽强，它们不但消化能力强，而且胃口非常好，只要有食物吃，它们就能生存下去。王永庆因为曾经有过养鹅的经验，总结出了这一形象的、独特的，用于经营管理和为人处世的“瘦鹅理论”。具体来说，瘦鹅理论包括以下三方面内容：

第一，要学习瘦鹅忍饥耐饿、刻苦耐劳的精神，放在企业管理中就是说企业为了求得生存，必须学会先苦后甘。

第二，学习瘦鹅面对困境时的坚毅态度，等待机会到来，也就是说企业在危机中更应该具备一种“坚毅力”，这样只要一有机会，便会马上重新崛起。

第三，瘦鹅之所以瘦，问题不在鹅，而在饲养的方法不当。王永庆认为企业经营也是一样，企业出现问题，根源不应该在员工，而在于企业管理者。

搭班子、定战略、带队伍：在柳传志看来，企业管理最基础的三件事就是搭班子、定战略、带队伍。搭班子是确保企业有一个坚强、统一的领导核心；定战略是指建立远、中、近期的战略目标，并制定可操作的战术步骤，然后按步骤实施；带队伍是指通过企业文化、规章制度、激励等方式，调动员工的积极性、能动性，确保战略的顺利实施。

2. 价值观

成功的企业都有明确而牢固的价值观。价值观会界定出对于企业来说，哪些行为是可取的，哪些是必须杜绝的，它们会支持、促进组织核心目标的实现。不管是在私下，还是在公共场合，成功的领导者都会始终如一地践行这些价值观：他们的行为本身体现了这些价值观，是企业价值观的外在表现；在榜样力量的带动下，他们的这些行为强化了这些价值观对别人的影响。价值观是企业文化的纤维，它们能为合理、可取的行为提供一种“本能”的自发反映。

3. 能量和魄力

成功的领导者不仅自己充满干劲，而且也能积极发掘出他人身上的积极的情感能量。为此，他们会努力优化企业的组织结构，清除官僚式管理的痕迹，同时积极地拓展他们见到的每个人的能力，并对他们进行激励。

成功的领导者不惧怕做出艰难的决定，而且当别人也这样做的时候会积极地给予鼓励甚至奖励。有些人将这种性格特征称为“展示自己信念的勇气”或魄力。

如何坚守和分享价值观呢？我有双重理解。

第一重，树立正念。何为正念？我们要让员工深刻地理解，哪些价值观是我们要坚决杜绝的。

万科公司有一次在安徽拿了一块地，拍完地之后，政府因为对土地另有使用，决定把土地收回，要给万科公司补偿1000万元，分公司老总特高兴，王石知道这件事后，立刻让分公司把1000万元退回给政府。他说，这个钱我们不能要，如果大家都觉得赚钱这么容易，对我们的公司是非常非常不利的一件事情。

链家地产的创始人有一句话：“一定要做艰难而正确的事情，而不是做容易的，能轻松获利的事情”。

阿里巴巴有一个销售高手把一个产品以20万元的价格卖给了国内的一家开发商，而这个产品适合海外市场，对于这个客户来说，根本就用不上。阿里的领导没有简单地责备和批评，而是立刻把这20万元退给客户，因为这个产品本身你就不需要。把梳子卖给和尚，这不是技巧，这违背了我们的底线和价值观。

在商业的价值里面，一定要追求长期价值，而不是短期价值，方为正念。

第二个层级：在语言中树立价值观。

拼多多的价值观是本分，意为：不要在任何时候占任何人的便宜。这个词漂亮。

我们要坚决地摒弃负面词语，用正面的、温暖的、光辉的词语来充实和丰盛我们的人性之美。

在我们的团队里面，我不允许出现“搞定、忽悠”这样的词语，甚至连“成交”这样的词语，我们的团队也绝不能使用，因为你一旦说成交，仿佛是客户的价值大于你的价值。我们倡导的词语是“守护、捍卫、成就”，捍卫客户的利益和价值。因为我们这样坚持，伙伴们分享的课件全部要修改。

我们绝不允许在公司讲“变现、收割”，这些词语都非常可怕，发心很乱。证严法师说：不要说目的，目的要换成目标，不要说手段，要换成方法。

正言方正念，正言方正行。

在商业的世界里，我们要坚持成就客户，要成就客户的长期价值。

我们一定要坚持有所为、有所不为，一定要在短期价值和长期价值中做出选择，做难而正确的事情，坚守长期价值。

我们一定要告诉员工，什么是对的，什么是错的。

我们一定要学会用正面的、温暖的、光明的词语来传递我们的价值体系。

我们一定要用我们的行为来捍卫我们的长期价值。

这个世界上坚守的人并不多，幸而有你，因此这个世界充满着光明、爱、希望。

千圣皆过影，良知皆我师。作为人，何为正确？不为圣贤，则为禽兽，只问耕耘，莫问收获。

君子忧道不忧贫，君子居易以俟命。

一个人把自己本分的事情做好，等待着天命的召唤，这就是我们的价值体系。

坐言起行

您在言行合一地实践企业价值观吗？

爱的格言

天下之人皆相爱，强不执弱，众不劫寡，富不侮贫，贵不傲贱，诈不欺愚。

——墨子　中国哲学家

第五节　爱：领导者用行动来诠释爱

爱在于心，也在于行。聪明的领导者会站在员工的角度上看问题，会用行动来诠释对员工的关爱，送给员工无微不至的关怀以肯定员工的价值。

小米公司的雷军说："我们一直倡导一种快乐文化、家的文化，希望员工在公司更有归属感。越是经济不景气时，我们越希望给员工更多关怀。"当经济不景气时，给员工更多的关怀可以留住员工，更会让员工心甘情愿地留在企业，不抛弃、不放弃企业，并为企业献出自己的一份力，与企业一同渡过难关。

格力花费亿元兴建员工宿舍。格力工厂的四万多员工，都可以享受这一福利：一线员工一人住一室，结婚后可以住两房一厅。董事长董明珠表示："格力要做的，是让员工在这个平台中有尊严感，有自豪感，那么他们自然会留下来。今年投亿元给员工建房子，这也是我们应尽的社会责任。"确实，爱有多大，企业有多大。

如家酒店的老板孙坚说："要成为一个成功的企业，最基本的一点就是一定要有价值观，要有文化，而且是强势的。企业文化其实是老生常谈，问题在于如何把宣传变为行动。我们讲尊重员工，落实下来就是要保证他们的宿舍干净，他们每周的菜单必须公布出来。这些都是他们基本的生存条件，这是你提倡的，提倡的就要去做，做了以后他们会觉得这是对他们价值的肯定，他们也会肯定你的价值观。"

爱是一切的答案，企业有爱，才有最大的凝聚力。但光有说出去的爱还不够，领导者还必须把这种爱落实到具体的行动中，用行动去诠释企业的关怀，这样才能打动下属的心，赢得他们的拥护。爱是恒久忍耐，又有恩慈，爱永不止息。

坐言起行

您的企业如何诠释对员工的爱？

爱的格言

有大爱的地方就有奇迹。

——薇拉·凯瑟　美国女作家

第六节　传承：华夏文明有大爱

数千年璀璨的中华文明，因为有文天祥、于谦等人，精神得以传承！

元朝成千上万的铁骑，踏遍了半个世界，但仅靠武力解决不了问题。当时元朝俘获了南宋的一个大官——文天祥。元朝官府请文天祥做宰相，文天祥不愿做。他说他不要高官厚禄，不要金钱美女，什么都不要，但求一死。文天祥有一句话，叫“人生自古谁无死，留取丹心照汗青”。文天祥还讲了一句话，叫“孔曰成仁，孟曰取义；惟其义尽，所以仁至。读圣贤书，所学何事；而今而后，庶几无愧”！

若干年之后，有一个年轻人，在 14 岁的时候将文天祥视为人生榜样，这就是孤身保卫北京城的于谦。仁和义这样的精神，对每一个中国人有着很大的影响。所以企业要有精神，任何一个组织，任何一个团队，都要有自己的精神。

千百年来，能立德、立言、立功的，也只有三位，范仲淹、王阳明、曾国藩。

我生平最喜欢的、最敬仰的就是王阳明先生！王阳明先生的理念泽被后人，创立心学：心外无物，心即天下，心外无仁，又提出圣贤修炼之路：致良知、知行合一，其功业也震古烁今，于千难万险中，平宁王之乱，后又平定已祸乱五十年之匪患，任兵部尚书。榜样的力量无穷！他令陶行知先生更名，蒋介石更把台湾的草山改名为阳明山。

王阳明说：“君子求学，务必只是在求认识自己而已。人世间的毁誉荣辱，不独不能摇撼他的良知，还要把这些暂时的挫败与得意，都当作磨炼自己心性沉稳的机缘，因此君子无论遇到什么事情，都会感觉喜乐，这正是因为他把全部遭遇的处境，都当作是生命的学问。反过来说，如果听见荣誉就很高兴，听见诋毁就很悲戚，这就是每天被外境搅得惶惶不安，每天都对心性有亏损，哪还说去做什么君子？往年明武宗御驾来敝人这里，皇上的左右都在他面前诋毁敝人，当时的灾祸甚至可能让敝人险遭不测，敝人的同僚与部属全都感觉危险与恐惧，都说应该要想办法自救。敝人却说：‘君子不应该去求整个天下来相信自己，只应该去期勉自信而已。我奋勉去自信都感觉来不及，哪里还有时间去求他人来相信自己呢？’”

这一番话让我深有共鸣，我们不要因“得”而喜形于色，因“失”而悲从中来，否则心就像个轮子，永远在旋转，不得安宁，所以：做好自己，心即天下。

人们通常在遭人诋毁的时候磨炼心性，面对荣誉的时候却往往浮躁不安，易生自傲之心，从而接不住地气。老子说：“祸兮，福之所倚；福兮，祸之所伏。”困境、挫折、苦难可以磨炼人的心智，而成功、荣誉、掌声则可能让人丧失头脑、失去理智。任何事情都是可以相互转化的，成功失败也是如此。正是因为我们在挫折、失败中看到了自己的问题所在，我们才能成长，才能改进，才能获得成功。所以，得意之时不忘形，失意之时想未来，困境时我们不能被打败，成功时也不能被冲昏头脑。

朱宸濠叛乱，王阳明率兵平叛，保住了明武宗的江山，可谓大功一件。但是明武宗朱厚照却很不高兴，因为王阳明抢去了他御驾亲征、表现自己的机会。王阳明因此几乎濒临死亡的绝境。然而危难之际，局面却突然出现了变化，武宗暴毙，世宗登基。而王阳明不但免除了死亡的威胁，还被封为新建伯。事情发展到此，本该结束，但却再一次发生了转折。被封赏自然是荣耀，但是这却是他最远离中央的时刻，他也因此再没有回朝做官的机会。但这其实也并不是全无益处：正是有了这个契机，他才能创办书院讲学，完善自己的心学，进而成为一位伟大的圣贤。诋毁、赞誉、挫败、得意……归根结底，这些东西都不能永恒，只有到生命结束，它们才会全部消失。

王阳明说：“因此，世界上只有磨炼心性这一件事情，没有毁誉荣辱。当我在世间的荣誉攀登到高峰的时刻，将同时是心学大显的时刻。然而，我更希望来跟敝人学习的人，不是看见我的荣誉，而是看见我的被诋毁；不是看见我的得意，而是看见我的挫败。只有当我什么都不是的时刻，才是真正的精英出智慧之时，与我相会来做工夫的时刻，那更是我们共同要发愤图强的时刻。当我传播心学的声名已经大显于社会的时刻，那既是大量无法自救的庸人来凑热闹的时刻，更是我们要随时警觉莫要让心学衰亡的时刻。”

这一番话的意思是：“宠辱利禄，一场烟云！彰显大道，平生所愿！”

日本最崇拜王阳明的，是被称为日本“经营之圣”的稻盛和夫。稻盛的另一个偶像是西乡隆盛，西乡先生在流放荒岛时，正以阳明放逐于龙场自勉！2018 年 10 月，匠合游学团拜访了传奇的京都陶瓷，当我在京瓷的文化馆中踱步时，我在大殿的条幅前驻足良久，内心心潮如歌、风起云涌，条幅是四个大字，读来振聋发聩：

“敬天爱人！”

稻盛曾经创立了两家世界“500 强”，晚年挽日航于水火，又皈依佛门，将心圆满。

稻盛和夫有自己的一套经营哲学，但仔细研究不难发现，他的经营哲学中，到处都是王阳明“致良知”的影子。稻盛和夫说：“要判断某件事是不是有道理，不能只看其是不是符合逻辑，还应当看它是不是符合人类的道德标准，要思考其与人类价值的相关程度。”第一次石油危机发生后，日本地产界出现泡沫，但是对于一部分人来说，这未尝不是一个赚钱的好机会。当时，稻盛和夫的公司有很多现金放在银行，甚至连银行的工作人员都建议稻盛和夫去炒楼。但是，稻盛和夫听了这个建议后却客气地告诉对方：我们还是用传统的方式赚钱，而不用炒地皮来赚钱。此一举动使得其避过了日本 1989 年的巨大金融危机。正是吻合良知的妙用。

盛和塾的最后一届大会，我飞赴长崎，想聆听稻盛先生的教诲，在热火朝天的大会中看到了许多义工忙碌的身影，五千余位井然入座。义工们主要来自日航、京瓷、KDDI，稻盛先生作为这三家企业的名誉会长，感受到了员工对其的爱戴和热情。

一位塾生分享了自己与其爱人生离死别的故事，让我们动容。一切的行为是为了爱，把企业经营好也是为了爱，为了让所有的员工拥有幸福的人生，不会无家可归，我们要拼尽全力地去经营、奋斗和创造。

其间播放了稻盛先生的短片，浓缩了稻盛先生 36 年的奋斗历程。他跟塾生们说：“快点把饭吃完，赶快回答问题。”他和塾生们去泡温泉答疑。那份亲切，那份豁达，那份爽朗，那豪迈的笑声，在我的心头荡漾！当一个人怀着无私之心去奋斗的时候，一定会让这个世界生出最美的彩虹。

稻盛先生虽然已 87 岁高龄，却依然挂念着无数创业者的发展和精进。

在最后一届大会中，稻盛先生的视频演讲谈到了重中之重，企业为什么需要“哲学”？

哲学的目的是什么？

我们如何拥有幸福和美好的人生？当我们拥有坦诚之心、正直之心、勤奋之心，当我们遵循了宇宙的意志，就自然会拥有幸福圆满的人生。

第一，哲学并不是为了让企业的业绩更好，或者让领导人更轻松，而是为了让每一个员工拥有幸福和美好的人生。退一万步讲，即使员工离职，因为他贯彻了哲学，也会拥有幸福和美满的人生，这才是哲学的意义和价值。

第二，贯彻哲学。领导人一定要身先垂范，身体力行，用实践来感悟哲学和升华哲学。千万不能把哲学作为工具，而是将哲学作为实现幸福的必经之路。

第三，要谦虚地告诉员工，我本身也在修炼这样的哲学，体悟这样的哲学，我和大家一样在精进、在成长。这并不妨碍我和大家去分享哲学，以及对于因果法则和宇宙意志的感悟和体验。

临别时，两畔的义工都在热情地挥手，真诚地鞠躬，我的内心还是有些怅然若失。最后一次盛和塾大会，36 年的薪火相传，将智慧和真理分享到了全世界。

盛和塾虽然解散了，但是哲学之火必将在每一个人的心中传播，必将永生，让世界更美好，宇宙意志必然生生不息！

可惜的是，在华夏儿女中，不要说将王阳明作为榜样，我斗胆估计，听说过章子怡的，远胜过听说过王阳明的！

她享年 113 岁，是目前全球最年长的华人义工。她就是许哲，被新加坡人称为“国宝”，堪为爱之楷模！抱着永不言休的精神，她在许多人视为“衰老期”的“知天命”之年开始自己的义工事业，使自己的人生更精彩。她用饱经沧桑的人生演绎了朴素而简单的哲理：有爱就年轻。

纪伯伦先生在《先知》中说：“生活的确是黑暗的，除非有了渴望；所有渴望都是盲目的，除非有了知识；一切知识都是徒然的，除非有了工作；所有工作都是空虚的，除非有了爱；当你们带着爱去工作时，你们就与自己、与他人、与宇宙合为一体。”

鉴于一家咨询企业的爱心文化，我亲笔为其写了一篇《心的誓言》，关于爱心、用心、开心。每每念及，感怀莫名，因为失去爱的唯一核心就是你想完全占有爱。我们只有付出，才会点亮我们的内心，我们只有激发更多人的爱，才会照亮世界。原文如下。

我来到这个世界，
是为了爱，
我没有时间去抱怨，
只有时间去奉献。
我爱我的顾客，
他们是我的衣食父母；
我爱我的伙伴，
他们是我携手共进的家人；
我爱我的工作，
她为千家万户带去欢乐和幸福，
我为此感到神圣和自豪！
也许他人要求很严，也许会误解我的好心，
不管怎样，我还是要心怀感恩，充满爱心！
工作就是问题叠着问题，做得好，未必有人表扬，
不管怎样，我还是要用心工作！
人生很艰难，工作很繁重，
不管怎样，我还是要选择微笑，选择开心！
我要用全身心的爱来迎接今天！

坐言起行

您该如何在企业中传播爱的文化？

爱的格言

当爱在你心中滋长时，美丽也会增长，因为爱正是灵魂之美。

——圣奥古斯丁　古罗马哲学家、神学家、思想家

后记

这本书的尾声，我要为坚持阅读、慎终如始的你分享核心。

企业文化究竟是如何运作的？文化是如何影响人和感动人的？人的构建是脑、身、心，所以文化要“明其脑、觉其身、动其心”，用一本文化经书来明其脑，用环境场来觉其身，那如何动其心呢？只有“爱”！

百年香港，繁华如锦，转瞬之间已成为世界上贫富分化最大的区域之一，基尼指数越控越大！前任曾荫权特首在卸任时痛心疾首地反省：“本以为拼命发展经济就能改变百姓生活，却不想事与愿违！富人越富、穷人越穷！”答案究竟为何？一个缺乏爱的世界从来不会成为天堂！这世界上有无数教发财致富的书，鲜见一本关于企业软实力提升的书！

这本书是我写的诸多书里，再版次数最多的书，让我始料未及。爱是如此让人共鸣！

也许竞争是市场经济的本质，但“爱”才是生命的本质，是未来中国的动力！中国的核心在于每一个社会组织的强大，而强大不只是经济实力，更是爱的沸腾和升华。

一个人，究竟要经历多少事，才能读懂？一个人，究竟要登过多少山，才能远望？

人生的意义是什么？

我曾站在耶路撒冷圣城的街头，圣城苍凉肃穆，思索；

我曾漂浮在一望无际的死海，天际寂寥浩瀚，叩问；

我曾静坐于印度的菩提树下，方圆宁静如水，顿悟；

我曾一夜无眠，徒步八个小时登上富士山，其时红日初升，心潮澎湃！

答案是什么？

那一天，在山区希望小学的操场上，眼前的一幕将我们震撼。午餐时，一群群衣裳简陋的小朋友半蹲着围成圆，集体吃饭，每群同学面前都只有一个盆，装着一道菜：土豆。那一刻，我们泪眼婆娑，瞬间了然，“生命不是此时，那是何时？”

原来，人生是爱的旅程！

一路走来，我们一直为山区的孩子们捐献图书，已然捐献了五十多所爱心图书角。爱的旅程，内心如此丰盛。

在我所咨询的企业中，很多由于文化场的改变，绩效都获得了很大的彰显和提升，再次验证了 TOC 瓶颈理论，改变了环境，就改变了绩效；再次验证了改变人的内心世界，才真正创富外在世界。

早晨出门坐电梯，遇见一位坐轮椅的老奶奶。我主动地问候“早上好”，老人家很意外，随即热情地回应！真是一个愉快的早晨！我们和世界的距离，只是和我们自己内心的距离！

写书是一个让人崩溃的过程，每一句话的润色，每一个字的斟酌，实在耗心费力！如果没有爱，估计是撑不下去了！为了这本书，为了许多细节，我常常没有个人空间，只有脖颈的酸痛！唯望每一位读者将爱藏于心，敏于行！世界不会因我而改变，会因你变得美好！我有一个提议，和你互动，我要持续搜集一切和“爱”相关的语言！欢迎你发和爱有关的邮件予我，大爱是由小爱开始，我将不胜感激！

世界上使我们执着前行的三大力量，分别为：梦、爱、乐，诠释为吸引力、原动力、惯性力，因梦不辍，因爱不怨，因乐不倦！何为原动力，爱是无条件地付出。人的至高至美的需求是连接，和人连接的管路只有爱！除了爱一无所有！

爱是永恒的燃料，爱是心灵的成长，爱是与世界融合，爱是忘我，爱造就了爱。

有爱的孩子会茁壮成长，没有人不需要爱！连植物都如此！每一个人的人生都有两种选择：无尽的爱和无尽的恨！获得爱的最好途径是给予！是爱构成了我们的自我价值！

这本书第一次出版时，我不会想到我会有一个可人的女儿，或许是宇宙的馈赠！值此十年再版，小思言已经一周岁，会走路了，摇摇晃晃，像喝醉酒似的，走十多步了！好萌！

她的笑完全是治愈式的笑，全然投入。她喜欢听音乐，当我播放儿时我的老父亲最喜欢唱的歌《大海啊，故乡》时，时光穿越了三十年，空气中弥漫着爱的气息！幸福让人陶醉！

我情不自禁地写了一首诗。生命不是写诗，而是成为诗。

《那一天》
那一天，你笑了。
没眼睛没鼻子地笑。
天地为之融化，
一切为之停止！
治愈我的心灵，
明亮我的心田！
那一天，你会走了，
那是希望的悸动，
那是真爱的呼唤。
我痴痴地看着你，
仿佛远古时的离别，
让我的泪水尽情流淌！
我爱你，
希望在人生挑战重重时，
你依然健步如飞！
我爱你，
即使在失望悲伤无助时，
你依然放声大笑！

仰天长歌，
优雅而行，
人生
如此丰美！
我爱你！

感谢我的太太，感谢她一路的相伴。我们一直在搬家，她说一直和我过着颠沛流离的生活。我说患难见真情啊！

感谢恩师李燕杰教授、大师兄翟杰教授的鼎力支持。

感谢所有支持和信任我的客户朋友，你们的爱是我前行的动力，你们的真修实证一直是我求道的源泉。

感谢匠商同学一直以来的相伴，生命有你们很奇妙，让我们追求和拥有全方位幸福的人生！感谢匠合咨询的伙伴和同人，让我们一起加油，让中国更好！

感谢我挚爱的父母，你们的爱照亮着我的人生！感谢我的岳父岳母，你们也是我的亲生父母。祝福老人家们健康长寿。

亲爱的朋友，“人不可为李杜，人皆可以为尧舜”，才华难修，爱心可成。祝福你邂逅生命的奇迹！

在我们的一生中，会有很多挑战，但无论问题为何，答案都是爱！

刘育良　铭

2021 年 3 月